JN299892

宮下明彦
MIYASHITA Akihiko
牛山圭吾
USHIYAMA Keigo
編著

明日をひらく図書館

長野の実践と挑戦

青弓社

明日をひらく図書館——長野の実践と挑戦／目次

第6章 信州図書館訪問記 宮下明彦 121

第2部　学校図書館・読書活動の実践

第8章 これからの読書活動 176

装丁――和田悠里［スタジオ・ポット］

まえがき　宮下明彦

いま、図書館は大きく進化しています。

これからの「知識基盤社会」で、図書館は最も身近な地域の情報拠点として重要な役割を担うことが期待されています。

本と出会う場としての図書館、情報サービスや課題解決支援型サービスの展開、市民協働の図書館、まちづくりを支える図書館、地域史資料のデータベース構築や知識創造の場としての図書館など、いくつかの発展の方向性が見えています。

また、新学習指導要領は学校図書館をたいへん重視しています。

長野県でも、これからの図書館像を目指したいくつかの実践と挑戦がおこなわれています。読み聞かせなどのグループは四百を超え、伝統的に読書活動が活発です。

このたび、これらをまとめて『明日をひらく図書館——長野の実践と挑戦』として出版することになりました。長野県の図書館の実践や挑戦について、注目されている図書館、特色ある図書館、新しい図書館、歴史や伝統ある図書館などを紹介して、多くの方に知ってもらいたい。そのために、図書館の役割と機能について、そして可能性について、図書館員などが自ら語っています。

知的財産を受け継ぎ、住民に役立ち、地域の誇りになる図書館、明日をひらく図書館を目指したいと思います。

長野県図書館協会は県下の公共図書館、学校図書館、大学図書館、読書団体・関係団体、そして個人会員などから構成されている団体です。

その長野県図書館協会の有志が数年前から出版構想を温めてきましたが、大変厳しい出版状況を思うとなかなか踏み切れないでいました。そんななか、本書の執筆者の一人である大串夏身さんから背中を押してもらって具体化に踏み出し、二〇一二年夏から企画の検討を始めました。

公共図書館と学校図書館、読書活動を柱にする企画内容が十一月には煮詰まり、書名を『明日をひらく図書館――長野の実践と挑戦』とし、十一月末に県下の公共図書館と学校図書館、読書団体などの第一線で活躍されている方々に執筆を打診しました。その結果、二十人ほどの方に執筆してもらうことができました。

執筆者は、すでに多くの本を出している方、初めての方とさまざまですが、内容的にはいずれ劣らぬ力作ぞろいだと自負しています。

信州人には岩波書店創業者の岩波茂雄を始め著名な出版人が多く、信州は出版王国とも言われています。また、県下の地域ごとに発行されているコミュニティー紙や郷土雑誌の豊富さに、県外から転入された方は一様に驚くようです。

明治中頃（一八九〇年代）に興った小諸義塾の関係者を始めとして、大正時代（一九二〇年前後）に日本のフランクリンといわれた青年たち――是枝英子『知恵の樹を育てる――信州上郷図書館物語』（大月書店、一九八三年）に登場する青年たち――は新しい知識を吸収しようとして図書館を誕生させましたし、上田自由大学の先駆者も図書館建設の夢を抱いていました。また、戦前の教育会は、県立長野図書館の前身である信濃図書館や郡立上伊那図書館を自らの力で築き上げました。

さらに一九五〇年代半ばから七〇年代にかけて、まだ図書館や書店が少なかった時代に県下に燎原の火のように広がった、小学校の母親たちによるＰＴＡ母親文庫活動もありました。

このように、県下の図書館には、信州人の進取の気性や知識欲、先人からの多くの知的財産が受け継がれています。

長野県は現在、教育県再生が大きな課題になっています。教育県長野が形成された要因の一つとして、江戸時代の信州には寺子屋が群を抜いて多かったことがあげられます。その教育県長野の再生のベースとしても、読書と図書館は重要です。

学校図書館法は、学校図書館の目的を「学校の教育課程の展開に寄与するとともに、児童又は生徒の健全な教養を育成すること」と定めています。さらに、新学習指導要領の実践は読書や学校図書館抜きには考えられません。

公共図書館には地域の情報拠点としての役割が期待されています。資料提供、学習機会の提供、情報リテラシーの育成、情報発信などの機能を通して、生涯学習、情報社会、地方自治、人材育成、まちづくりに寄与することができます。

美しい自然、歴史と文化、地域性が豊かな信州に、先人が築いた知的財産を受け継ぎ、地域の誇りとなり、明日をひらく図書館が数多く存在する――このことは、長野県の魅力をもう一つ増やすことになると確信し、本書を送り出します。

（みやした・あきひこ：長野県図書館協会常務理事・事務局長）

第1部　公共図書館の活動

第1章　明日をひらく図書館

1　まちを元気にする交流図書館の挑戦！　花井裕一郎

交流と創造を楽しむ、文化の拠点

「もっと遊びたい！」。そう言って、手を引っ張る母親に訴える子どもたちがいます。これまで学習の場として認識されていた図書館ですが、小布施町立図書館まちとしょテラソ（以下、まちとしょテラソと略記）は、「遊ぶ」という言葉の対象になっています。

これは、まちとしょテラソが「交流と創造を楽しむ、文化の拠点」という理念に沿って運営されているからです。図書館ではあるものの、これまで多くの人が思い描いていた図書館ではなく、人が集まる場としての図書館を創造しているのです。

「なぜ、まちとしょテラソのような図書館ができたのか」とよく尋ねられます。この問いには、「町民力で図書館を建てて運営しているからです」と答えています。

二〇〇七年、町内外から約五十人の人々が集まり、小布施町のまちづくりという観点から新しい図書館建設の議論を始めました。小布施の場合は、小布施町民だけで話し合うのではなく、町外からの参加をも促し、多くの風＝意見を取り入れることにしました。長野県で面積がいちばん小さな自治体が生きていくためには、自分たちだけで考えるよりも、多くの来訪者と交流していくことで町を豊かにしていくべきだという考えがあったからです。

新図書館の建設にあたって大切なことがあります。「従来と同じ機能であれば、新設の必要はない。新しい価値を生み出すことを考え、まちづくりとして図書館を建設する」という共通認識をもつことです。そこでまず掲げたのが、前記の「交流と創造を楽しむ、文化の拠点」という理念であり、この理念のもとに約二年間、設計者と町民が議論を続けました。五十三回の会議を通して中心になったのは、図書館法をきちんと理解したうえで、交流と創造を楽しむ、文化の拠点として新しい図書館をどのように建設していくかということでした。そこで、同法第三条を中心に、町民と図書館スタッフ、行政が一緒になって勉強会「図書館づくり学習会」を開催し、その結果、それまで凝り固まっていた図書館のイメージからようやく脱却することができたのです。つまり、貸出至上主義的な考えをやめ、本来の図書館、法律に基づいた図書館を創造しようとしたのです。当時、こんな表現もしていました。「図書館を壊す図書館づくり」をしよう！

こうしてオープンして三年、この国でいちばんチャーミングな図書館を目指して、まちとしょテラソを運営してきました。そのなかで、交流と創造を楽しむ、文化の拠点として「子育ての場」「学びの場」「交流の場」「情報発信の場」であることを目指し、小布施町での大切なキーワードとも言える「交流の場」を図書館の運営に当てはめていきました。

この運営では大切な組織を設置しました。町民ボランティアによる「運営プロジェクト」です。これは、新図書館建設運営委員会のときから運営をみんなで考えてきたことを受けて発足したものです。このプロジェクトは月一回のミーティングをおこない、企画、選書など多岐にわたって図書館運営を議論しています。

図書館は広場だ

まちとしょテラソの館内は、扉がついている部屋が一部ありますが、基本的にワンフロアで、多目的室といえる空間です。扉がある部屋も、なかの気配を感じることができる半透明な扉にし、多くの場合その扉を開放してイベントをおこなっています。もちろん音も漏れます。しかし、音やなかでおこなわれていることを壁で遮るのではなく、なにがしかの気配を感じさせることに軸を置いています。

真ん中とすべての側面を書架とし、蔵書は開架四万冊、閉架四万冊で構成しました。書架の間にはいくつものベンチがあって、人気になっています。どんなに館内が空いていても自分の気に入ったベンチに腰かけ、まちとしょテラソでの時間を楽しむ方が多く見受けられます。

このように館内の空間は、お客様が自由に選択して使えるようになっています。新聞を絵本コーナーやベンチで読んでもかまいません。まちとしょテラソという広場を豊かに自由に使ってほしい、という願いからです。

館内がワンフロアであり、同時にその空間を自由に使えることから、あらゆる企画がどこでも可能です。そのためスタッフも、自由な発想で多くの企画をおこなうことができます。壁によって仕切られた空間では、イメージもその空間に合わせなければならなくなり、窮屈な企画運営になってしまうでしょう。

スタッフは、自分のスキルに合わせた企画も多く立案します。空間をうまく使ったもてなしと言っていいでしょう。例えば、月一回開催される「ストレッチタイム」。第二日曜日の十五分間だけ、館内にいるお客様に呼びかけて、スタッフも含めてみんなでストレッチをしています。勉強をするにしても、長くやっていると体も脳も固まってしまうので、深呼吸をしながら体や脳をほぐそうというものです。また、転ぶ際に手をつくことができない子どもが多いというデータに基づいて、館内で月に一回「親子で一緒に体を動かそう」というイベントもおこなっています。シーツなどに子どもを立たせて親が動かし、転ぶ練習をするのです。この二つの企画が可能になったのは、司書と健康運動指導士の資格をもつスタッフがいるからです。

また、毎週日曜日の午前中には、美術に関するワークショップ「テラソ美術部」を開催しています。これは、テキスタイルアーティストとして活躍するスタッフがいるからです。毎月テーマを決め、子どもたちと一緒にアートを楽しみます。これまでのテーマは「オリジナル傘をつくろう!」「機織《はたお》りに挑戦!――天の川を織ろう」

「夏休み自由研究お助け隊!」「妖怪・お化けお面作ろう! ちびっこ椅子を作ろう!」「クリスマスリース・ツリーを作ろう!」「ポップアップカードを作ろう! フォトスタンドを作ろう!」「簡単! お菓子の家を食べちゃおう!」などで、たくさんの創造が生まれています。

このように、まちとしょテラソではスタッフスキルと図書館運営がうまくマッチングしています。これには、マネジメントする人とスタッフが楽しく仕事ができる環境を作り出すことが大切です。

もう少し事例をあげます。

「美場テラソ」という企画では、全国からさまざまなジャンルのアーティストを講師として招聘し、アート講座を開催しています。キャッチコピーは「資源は美意識。暮らしにもっとアートを感じたい、味わいたい、学びたい」で、いい作品を作りたいという人たちのためのワークショップです。参加者のみなさんと感性と技術の交歓を楽しむ場所、それが「美場テラソ」です。

「美場テラソ」は、小布施町でおこなわれる「境内アート小布施×苗市」との協働プロジェクトになっています。この「境内アート小布施×苗市」は、小布施の禅寺・玄照寺で毎春開かれるイベントで、願いは「暮らしにアートを」「〝美意識〟という資源を育もう」というもの。「美場テラソ」で年間を通して創造される作品は、「境内アート小布施×苗市」で展示しています。

図書館は記憶と記録の場

デジタルアーカイブにも力を入れています。小布施町の文化(文化財的な文化、生活=小布施ならではの風土的文化)を収集し、まとめて公開(発信)することによって、人づくりやまちづくりに役立たせることができると考えているからです。その収集された情報を蓄積するシステム、デジタルアーカイブは、未来へのタイムカプセルになると同時に、先人から学び、いまをどのように生き抜いていくかという羅針盤の役目を果たすことになると考えています。

こうした視点から、町民のみなさんと小布施にとってのデジタルアーカイブを考え、協働でデジタルアーカイブ事業をおこなっているのです。

デジタルアーカイブの一環として、これまで小布施町のまちづくりに協力をしてもらったみなさんへのインタビューをしています。つまり、人づくりやまちづくりに役に立てるという観点から小布施の人物を丹念に取材し、その考え方と実績や課題、将来のビジョンを「人物誌」としてアーカイブしているわけです。これをオーラルヒストリーの手法で映像と電子図書にまとめ、まちづくりへの思いと知恵を当の人物が語り、生きる知恵を後世に継承するとともに、デジタル資料として整理・保管し、広く末永く活用できるアーカイブを築き上げるのです。タイトルは『小布施人百選』です。撮影には町民ボランティアのみなさんにも参加してもらって、一緒に考えるようにしています。

この一連のデジタルアーカイブ事業にも、スタッフのスキルが光ります。映像編集のプロとして活躍していたスタッフが取材して編集し、閲覧用DVDを制作します。町でおこなわれたこと、町民のみなさんの歴史を記録し、資料として収集・公開することこそ、図書館の使命です。そのためにスタッフは自らのスキルをすべて使い、町民へ、来訪者へ、もっと言えば未来の人々へサービスというもてなしをしているのです。そして、このもてなしを協働で実践することが、まちづくりへの力になると信じています。

書架にも特徴を出しています。入り口正面には、小布施を象徴する棚、「妖怪コーナー」があります。葛飾北斎を小布施町に招いた豪農商・高井鴻山は、北斎に習い妖怪画を数多く描いています。したがって、町の歴史にとって「妖怪」というキーワードは大切なものなのです。

まちとしょテラソでは、これまでの図書館時代から、妖怪に関する多くの本を購入し続けてきました。しかしこれまでは、並ぶ場所は分類によってバラバラでした。でも、まちとしょテラソが開館して一年後、スタッフの一人がまれにみる妖怪マニアであることが判明しました。そこで、そのスキルを使うためにこのスタッフが妖怪担当になりました。そこから生まれたのが、まちとしょテラソでいちばん目につく書架にある「妖怪コーナー」

なのです。バラバラに配置していた妖怪本を一つの棚に並べ、ポップなどで新しい情報を提供して、これまでに知らなかった知識へと誘うことを考えています。

多くの利用者が立ち止まって妖怪関連の本を手に取り、ニコニコする風景を見ることができるようになりました。

まちじゅう図書館に

交流を考え、町じゅうで図書館を展開するプランもあります。「おぶせ　まちじゅう図書館」（以下、「まちじゅう図書館」と略記）です。これは、まちとしょテラソの設計者・古谷誠章さんが設計者選定プロポーザルの際に出したプラン、「町中どこでも図書館」からスタートしたものです。

新図書館建設運営委員会も、町じゅうに本を置くことにはおおむね賛成でした。しかし古谷さんのプランは、ＩＣタグを使用したシステム構築でした。そのため、予算確保がなかなか難しいことなどもあり、牛歩にも満たないほどのゆっくりな進行になってしまい、実現にこぎつけるまで五年かかってしまいました。

きっかけは、開館二年目あたりから、まとまった寄贈や本がたくさんあって困っているという話を聞くようになったことです。そこでもう一度「町中どこでも図書館」を練り直したのです。設計者案の考え方を大切にしたうえで、もっと簡単な方法でできないものかと思案しました。そこで考えたのが、寄贈したい本をそのまま、棚のままで公開するというプランです。そこからいまの「まちじゅう図書館」の素案が固まっていきました。

そして、「一箱古本市・秋」で「まちに本がある」という状態を創造しようと考えました。

「まちじゅう図書館」が、まちとしょテラソの理念「交流と創造を楽しむ、文化の拠点」となり、特に「交流」が生まれる場となると考えたのです。その後、スタッフがアイデアをふくらませ、デザイナーとコラボすることになり、開館三年目に、現在の第一弾「まちじゅう図書館」がスタートしました。「まちじゅう図書館」とは、小布施町内の住宅や店、畑のちょっとしたスペースに本棚を設置し、大切な本でお客様とのコミュニケーションを楽しむ図書館です。例えば、酒屋だったら酒や肴の本、パン屋にはパンやお茶の本、個人宅ではその家の方が推薦する本を置き、一軒一軒が図書館になり、一人ひとりが館長となるのです。来訪者が自由に手に取り、館長との会話を楽しむ「交流」の図書館です。「本がある」場を通じて、もっと人がつながることを願っています。

お客様へは、こんなメッセージを出しています。「本とつながる。人とつながる。信州有数の観光地であり、のどかな農村風景も広がる小布施町。そんな長野でいちばん小さな町ではじまる「まちじゅう図書館」。カフェも、酒屋も、果物畑も。あの畑のご主人やあの店の店長も館長に。まちじゅうの本棚に、各館長お気に入りの本が並びます。本をめぐるまち歩き、どうぞゆっくりとお楽しみください」

参加館には、「まちじゅう図書館」のキャラクター・オブセドリをあしらったフラッグが掲げられています。来訪者は、マップを片手にそのフラッグを探して町じゅうを回ることになるのです。

その際、スタンプラリー手帳のようなオリジナルグッズ、パスポートをもっていると、それぞれの館でスタンプを押してもらえることになっていて、これがまた交流のきっかけになっているのです。それぞれの館では、工夫をこらしたスタンプを準備して楽しんでもらっています。

出店者＝図書館は、個人宅、商店、誰でも歓迎しています。現在十七館がオープン、準備中の館が四館。まもなく、初の個人宅に図書館がオープンします。

まちとしょテラソでは、百館の登録が完了した時点で、「本のまち」宣言をしたいと考えています。

そのほか、まちとしょテラソでは、オリジナルグッズ製作、企業とのコラボレーション企画など多岐にわたる試みをおこなっています。その結果、開館から三年間、館の利用者数は毎年増加しています。視察も年間四十回を超え、マスコミにも取り上げられるようになりました。はっきりとした経済効果は出ていませんが、これまでの図書館がおこなってきた活動とはかなり違っていると思います。それは、ただ目立てばいいということではなく、町を明るくする、元気にすることにつながると信じています。自分たちの町の図書館をチャーミングに感じ、「この図書館があるからここに住もう」と考える方もいます。それこそがまちづくりなのです。

まちとしょテラソの現在は、図書館法に沿った運営を意図した結果です。その意図のもとに、これまで図書館がおこなってこなかった事業を展開したり、これまでにないスタッフ編成で利用者へのもてなしを考えてきたからです。

こうした活動に対する賞も受賞しました。Library of the Year 2011（IRI：知的資源イニシアティブ）、第二十八回（二〇一一年度）日本図書館協会建築賞（日本図書館協会）、二〇一二年日本建築学会作品選奨（日本建築学会）、第二十二回（二〇一二年）AACA賞（日本建築美術工芸協会）です。また二〇一三年には、「死ぬまでに行ってみたい世界の図書館15」（トリップアドバイザー）にも選ばれました。

すべての試みは、五年前に設置した新図書館建設運営委員会と設計者、そして図書館スタッフが議論し、実現してきました。その当時から、「コミュニティーに問う」ことを心がけていましたし、図書館は図書館ファンのためだけに存在するものではないと考え続けてきました。

小布施町立図書館まちとしょテラソは、その理念「交流と創造を楽しむ、文化の拠点」によって、すべての町民、来訪者のために存在する、まちづくり、ひとづくりの図書館なのです。

（はない・ゆういちろう：小布施町立図書館まちとしょテラソ前館長、NPO法人オブセリズム設立準備室）

2　NPO・市民協働の図書館づくりを目指して——上田情報ライブラリー　西入幸代

パソコン教室が暮らし支援の場になった

「自治会の書類をパソコンで作りたいんです」「ダンスサークルの会計を引き受けたので、収支報告をエクセルで作りたいと思って来ました」「グループの新聞をワードで作り始めたのですが、写真がうまく入らなくて困っています」

このような相談に応えているのは、NPO法人上田図書館倶楽部情報サービス部会のメンバー。上田情報ライブラリーで毎月一回おこなっているパソコン教室「ネット&カフェinライブラリー」では、サポートを受けながら熱心にパソコンに向かう人たちの姿が見られます。

「ネット&カフェinライブラリー」は、ワードやエクセル、インターネットの基礎を学んでもらう情報活用支援事業として、二〇〇七年に開設されました。最初は、用意した演習問題にそれぞれのペースで取り組んでもらい、わからない点をサポートするというスタイルでした。しかし最近になって、演習問題以外の相談が目立って増えています。一一年の総務省の調査によれば、パソコン保有率は七〇パーセントを超えるそうです。もはや家庭にパソコンがあることが当たり前になったいま、一からパソコン操作を習うというより、パソコンで仕事をするための具体的な方法を知りたいという人が増えてきたのではないでしょうか。

「おかげさまで問題が解決しました、助かりました」「困ったらまた来ますのでよろしくお願いします」という声は、パソコン教室が暮らし支援の場として定着してきたことを物語っていると思います。

市民協働の図書館づくりはこうして始まった

上田情報ライブラリーは上田市立の公共図書館で、二〇〇四年に上田駅前ビルのなかに開館しました。コンセプトとして「暮らしとビジネス支援」「千曲川地域文化の創造と発信」「市民協働の図書館づくり」を掲げ、インターネット端末三十三台、「日経テレコン21」「信濃毎日新聞データベース」など八つの商用データベースを利用者に開放した、いわゆるハイブリッド図書館です。

三つのコンセプトのうち「市民協働の図書館づくり」については、開館に先立って二〇〇二年に策定された上田情報ライブラリー運営基本計画に「サービスを高いレベルで維持していくため、専門性が高く意欲的なNPOやボランティアと市が連携、協働し運営に当る」と定められました。これを受け、〇四年一月に市民の有志が集まって上田図書館倶楽部を設立、上田情報ライブラリーとともにコンセプト実現のための活動を始めたのです。その後、上田図書館倶楽部は〇六年にＮＰＯ法人として認可され、現在に至っています。筆者はこの上田図書館倶楽部に所属していて、本稿はその立場で執筆しています。

コンセプト実現を目指し多様な活動を展開

ＮＰＯ法人上田図書館倶楽部は上田情報ライブラリー内に事務所を置いています。年会費三千円、会員数は約七十人で、その半数が部会に所属して活動しています。主な活動は次のとおりです。

①学習活動部会：文学講座（七回シリーズ）、絵手紙教室（年賀状対策として毎年実施）
②情報サービス部会：ネット＆カフェinライブラリー（月一回）、電子ジャーナルの発行（季刊）、情報検索・パソコン操作支援フロアワーク（月六回）、データベースショートセミナー（月二回）、ビジネス資料調査（随時）
③文化事業部会：コンサート・朗読会（月一回）、地域史料講座（八回シリーズ）
④子ども子育て部会：絵本読み聞かせ人材養成講座（十回シリーズ）、ブックトークゼミナール（十二回シリーズ）
⑤喫茶〃つつじ〃部会：上田情報ライブラリー内で喫茶店コーナーを営業

事業は上田情報ライブラリーと協働し、毎月一回、同ライブラリーと上田図書館倶楽部の両者で、内容や進め方について話し合いをしています。

事業の企画にあたって重視しているのは継続性です。講座は一回のイベントで終わらせるのではなく複数回のシリーズとして計画し、深く学べるようにしています。また開館以来毎月おこなってきたコンサート・朗読会は現在九十七回を重ね、「夜の図書館のコンサート」として身近で気軽な芸術鑑賞の場になっています。

もう一点、力を入れているのは人材の養成です。受講した人が学習成果を自分のものとするだけでなく、地域へ広めていけるように事業を計画してきました。例えば「絵本読み聞かせ人材養成講座」は、修了後に絵本読み聞かせ活動ができるようにロールプレーイングを取り入れた実践的な内容です。講座を修了した人たちはグループを作って、図書館、高齢者施設、公民館で絵本の読み聞かせをしたり、有線放送で朗読をするようになっています。

さらに事業によっては、地元の大学や新聞社、地域企業支援組織などと連携して、共同で企画を立てたり資金援助を受けるなど、協力関係を築いています。

委託事業以外は受講料を徴収して運営していますが、国や県、民間の助成金も積極的に活用してきました。

情報サービス部会の展開：1——研修を積み重ねてきた

さてここからは、情報サービス部会について詳しく述べます。情報サービス部会には現在十八人が所属しています。部員の経歴は、元ＩＴ講習インストラクター、パソコンショップの店長、印刷会社の社員、大学の非常勤講師などさまざまですが、「専門性を生かして図書館の情報サービスに携わる」という共通の思いで活動を続けています。

二〇〇四年に上田情報ライブラリーが開館したとき、館内にパソコンやデータベースが並んでいるのを目にした人たちが「私たちはパソコンに関心をもって勉強してきました、何かお手伝いできることはありませんか？」と申し出て、これがのちに、上田図書館倶楽部が図書館サービスに関わるきっかけになりました。最初は市の委託を受け、上田情報ライブラリーのフロアを巡回してパソコン操作で困っている人の支援をしていました。そしてそのなかで、こんなに多くの人がサポートを希望するのならいっそ講座にしたらどうかということになり、「情報検索入門講座・初めてのインターネット」「自分の力で情報探索」「自治会役員応援講座」などを実施するようになりました。部員たちは講座の内容を企画し、テキストを自作し、講師やアシスタントも務めました。

やがてこのような講座を企画運営するための人手が足りなくなったので、上田地域でパソコンやＩＴに関心をもつ知り合いを誘った結果、次第に部員が増えていきました。そのうちに「教える自分たちがもっと情報についての勉強をする必要があるね」という声があがるようになり、二〇〇六、〇七年に「情報検索技術スキルアップ勉強会」を開催しました。受講した部員は情報検索基礎能力試験（情報科学技術協会）を受験し、当時の部員全員が合格しました。

その後も毎年、情報検索技術向上のための勉強会を続けていて、二〇一二年には情報検索応用能力試験二級（情報科学技術協会）のための事前研修会を開催し、一人が合格しました。これらの勉強会も上田情報ライブラリーと協働であり、市民や長野県下の図書館職員、また上田地域の企業へも案内して受講者を募っています。この間、二人の部員が自主的にeラーニングで司書資格を取得しました。

情報サービス部員はもともと、Word・Excel が得意な人、Illustrator や Photoshop が得意な人、編集ができる人、プログラミングができる人、ハードのプロなど、それぞれが得意分野をもっていて、それを本業としたり、図書館倶楽部以外の場で活動したりしています。このように多様な部員が図書館サービスに関わる意義を共有しているのは、これまでの研修の積み重ねてきたことによるところが大きいのではないかと思います。

情報サービス部会の展開：2——培ったスキルを生かす

上田市からの受託事業として、「情報検索・パソコン操作支援フロアワーク」と「データベースショートセミナー」を実施しています。

まず「情報検索・パソコン操作支援フロアワーク」は、ライブラリー開館当初からおこなってきたものですが、だんだん回数を増やし、二〇一二年度までは毎月六回、一三年度からは毎月八回開催するようになりました。一回二時間、情報サービス部会の部員一人が館内の一角に待機して、相談に訪れた人をサポートします。

どのような相談があったかをあげてみます。

- 「研究発表に使うパワーポイントデータへ音楽を入れる方法を教えてください」

・「会葬礼状の文面を自分で作って印刷する方法を知りたいのですが」
・「ネットスーパーの登録方法を教えてください」
・「Yahoo!メールにログインできなくなってしまいました。パスワードが違うというメッセージが表示されるのですが、どうしたらいいですか？」
・「就職のための履歴書をウェブ上から提出する方法を教えてください」
・「難病について厚生労働省指定の病院名を知るにはどうしたらいいですか？」
・「論文を書くための参考文献を自分で探す方法を知りたくて来ました」

パソコン操作支援といっても、その内容は暮らしの問題解決支援だと思います。もっとも、なかには「ほかのパソコン教室の宿題がどうしてもできないので、内緒で教えてください」という相談もありますが。

フロアワークでの支援は「調べ方案内」であり、支援後にその人が自分の力で情報探索や必要なパソコン操作ができるようになることを目指しています。ですから、パソコンに向かってキーボードをたたくのは相談に訪れた人です。また、図書館ならではの信頼性がある支援をするために、できるだけ上田情報ライブラリーにある図書を使って説明することにしています。「この続きは家でやってみます」と、説明に使った図書をそのまま借りて帰る人もいます。

支援内容は記録して毎回上田情報ライブラリーに提出するとともに、担当する三人の情報サービス部員がウェブ上で記録ファイルを共有して継続性のある支援になるようにしています。「パソコンでつまずいたときに、家族に聞いてもうるさがられるだけで教えてもらえないけれど、ここへ来れば気軽に相談に乗ってもらえるので心強いです」と、自分のノートパソコンを持って相談に訪れる人が増えています。

もう一つの受託事業である「データベースショートセミナー」は、二〇一二年から少人数を対象に毎月二回実施しています。上田情報ライブラリーには、無料で開放している商用データベースが八種ありますが、これまであまり知られておらず、利用率も高いとは言えない状況が続いていました。しかし、セミナーをおこなうようになってから、利用者数が前年の同期間と比較して二倍になりました。

セミナーでは、データベースの説明に加えて簡単な演習問題を用意し、データベースを使うとどのような情報が得られるかを体験してもらっています。セミナーに訪れる人の多くが、「データベースって何だろうと思っていました。一度使ってみたかったんです」と言います。また、セミナーに参加した上田市の職員などは、日常業務にどのくらい使えるのか、データベースを使えばどういう情報を得ることができるのかといった視点から、官報や「日経テレコン21」「ルーラル電子図書館」などに関心をもち、デジタル化された一次資料を検索できる便利さを実感するようです。

二〇一三年一月からは、小・中学校図書館職員などを対象として、データベース案内を中心にした情報検索セミナーも開催しています。データベースも図書と同様に公費を使って導入しているものなので、どんどん使ってほしいし、そのためにはまず知ってもらうことが大切だと思っています。

情報サービス部会の展開：3――受託事業が広がる

上田図書館倶楽部に情報サービス部会という一定の情報活用スキルをもった集団ができた結果、図書館以外の機関からの委託事業も受けるようになりました。現在、広域事業団などがおこなうパソコン講座へ講師やアシスタントを派遣したり、地域史料データベース作成のための入力などを受託しています。

また二〇一一年から、信州大学繊維学部内のＡＲＥＣ（エィレック：上田市産学官連携支援施設）から依頼を受けて、ビジネス資料調査をおこなうようになりました。ウェブ上に情報があふれる現在、信頼性があるビジネス情報を得ることは容易ではありませんし、情報検索には相当の時間を要します。上田地域の企業が必要とする資料を企業に代わって探すことは、上田図書館倶楽部ができる地域貢献でもあると考えます。これまでおこなった調査は、

・「レジオネラ菌の検査方法に関する規定、検査項目、一般の建屋での検査の可能性」
・「ベトナムへの鹿肉提供の可能性」
・「イタリア野菜などの新規野菜の販路、栽培事例、課題、野菜の特徴と栽培法」
・「植物工場での生産物について市場規模、栽培種、具体的販路先」
などで、レポートにまとめて報告してきました。

上田の魅力を伝えるパスファインダー

次に、上田図書館倶楽部が上田情報ライブラリーとともに取り組もうとしているパスファインダー作りを紹介します。作ろうとしているのは、テーマに精通した人の見識や使う人のニーズを反映させた上田地域版のパスファインダーです。

例えば、上田地域の民話を調べるためのパスファインダーでは、地元の研究者が「基本的で必要だと考える資料」をリストアップし、解題をつけます。上田の音楽史を研究してきた人の場合は、その研究のために使った参考資料に解題をつけます。そこにほかの情報資源も加えて、上田地域ならではのパスファインダーを作ろうとしているのです。

またビジネスに役立つパスファインダー作りも計画していますが、これは作る側だけで資料を選択するのではなく、利用する人がどういう資料を必要としているのか、その意見を聞く機会をもって実際に役立つものにする準備をしています。

このパスファインダーは現在作成中で、まだ公開の段階に至っていません。これから、どのようなテーマを選択するのか、あるいは情報の収集範囲、メタデータ、公開フォーマットなど検討しなければならない課題がたくさんありますが、できあがれば調査研究に役立つだけでなく、上田地域の魅力を伝えるツールにもなって観光振興にも貢献できるのではないかと思っています。

創造性に満ちた活動の日々

上田図書館倶楽部が二〇〇四年に活動を始めてから、まもなく十年を迎えようとしています。これまでを振り返ると、部員からは「倶楽部に参加していなかったら、こんなに生き生きとした十年を送ることはできなかったと思います」「活動の必要に迫られて勉強したことで新たな世界が開かれました」「新しい事業を企画したり運営をしたことそのものが私の生涯学習だったと思います」「さまざまな問題を解決するなかで人と人の信頼が生まれたように思います」といった声が聞かれます。部員が主体的に図書館サービスに関わってきたことが、創造性に満ち、充実した活動の日々をもたらしたと言えるのではないでしょうか。しかしこの十年で、図書館界も図書館倶楽部を取り巻く状況も変化しています。市民協働の図書館づくりのための活動はこれからどうあるべきか、十年を節目として、みんなでよく考えてみることにしています。

市民協働の図書館づくり

公共図書館が地域の情報拠点、生涯学習拠点として多様化したニーズに応えるためには、まず図書館としての取り組みがその基本であることは言うまでもありません。けれども、そこに市民がもつ専門性や知識、技術、意欲、時間などを生かすための仕組みを作っていけば、さらに多様で専門性の高い図書館サービスの展開が可能になるのではないでしょうか。公共図書館は、市民のために存在するものです。市民が図書館サービスを受動する立場から一歩進んで、自らそのニーズに沿う図書館サービスを図書館とともに創造していく――そういう市民協働の図書館づくりは、公共図書館のこれからの方向の一つではないかと考えます。

（にしいり・さちよ：ＮＰＯ法人上田図書館倶楽部）

3　読書からの地域づくり──「信州しおじり　本の寺子屋」に見る塩尻市の図書館づくり　伊東直登

塩尻市立図書館は、二〇一〇年七月に新館をオープンしました。この建設事業では、計画当初から建物が竣工するまで、市民や行政、設計士、各種団体などが長期間さまざまな形で関わり合い、議論や検討が続けられました。その経過は、愛称「えんぱーく」として完成した図書館を含むこの施設の大きな特徴の一つになっています。協働による公共施設づくり（あるいは図書館づくり）の経過を伝えることは本稿の論題ではありませんが、より多くの人々の役に立つ図書館づくりを目指すという目標を、確信に変えました。そして、役立つ図書館とはどういう図書館なのかを模索し試行し続ける、現在の図書館運営の基本的スタンスの第一歩になりました。

えんぱーくが生んだ図書館サービス

えんぱーくは、中心市街地整備事業の一環として建設されること、公共と民間が同居する複合施設であること、市の施設では図書館、子育て支援センター、市民活動支援の部署が市民交流センターとして移転することなどを事業の基本に据えて、計画がスタートしました。

完成後の運営を考えるなかで、各部門別の課題は別として、最も大きな課題は、複合施設をどう機能させるかということでした。複合施設を建設する場合、たいていの計画は大なり小なり、複合性の効果を考えます。しかしながら、セキュリティー上の問題や組織的な問題から、多くの場合、一つ屋根の下のアパート的な複合施設が作られます。これはむしろ当然の選択です。

他方、えんぱーくはより多くの方に利用される施設づくりを意識し続けた結果、さまざまな機能の境がそれぞれ壁で区切られるのではなく、柔軟な相互乗り入れを可能にした施設になりました。例えば、畳の間を図書館内に作れば閲覧コーナーですが、誰もが集える場所に作れば、学習の場やミーティング、歓談の場にすることができます。読み聞かせコーナーと子どもが寝転がって本を読む空間を兼ねたり、子育て支援センターの図書室の役割を図書館の児童コーナーが担うといった仕掛けが随所にできました。

空間の機能を複数もたせることでその価値は数倍になるし、それは利用者にとって数倍の価値のあるサービスを生む――そんな考え方を前提に議論は進んでいきました。それは、施設内のあらゆるものに対して各人がもっている固定観念を壊し、もっと別の使い方があるかもしれない、もっと違うことを考える人がいるかもしれないと問い続けることでした。その過程で、自らの殻を破ってほかとの連携を進めることで、一つの機能が複数の機能や価値をもつことになるという考えを、えんぱーく全体がもつようになっていきました。

建設計画時のこの議論は、新図書館のサービス計画にも大きな影響を与えました。

図書館とはこういうものという固定観念が職員にも利用者にもあり、それに気づくのに時間はかかりませんでした。これは、それまでの図書館像が誤っているということではありませんが、いままでの塩尻市立図書館が利用者とともに育ててきたものであることは確かです。そこから、これまで図書館に来たことがない方々に来館してもらうためには、いままでにない図書館のあり方が必要だし、そういった考え方を基本にしなければ、多くの市民に支持され利用される図書館づくりはできないという考えに至ったのです。

そのキーワードが課題解決型図書館であり、役に立つ図書館であり、ほかとの連携や交流が生む図書館サービスでした。

役立つ図書館ということ

二〇〇六年に、『これからの図書館像――地域を支える情報拠点をめざして（報告）』（これからの図書館の在り方検討協力者会議）が刊行されました。本の貸出やその数値にばかりこだわるのではない、課題解決型図書館と呼ばれる新しいタイプの図書館像を映し出した報告書です。この報告のための検討がおこなわれた期間は塩尻市立図書館の将来像を模索した期間と重なっていて、そのことが、塩尻市の図書館づくりに少なからず影響を与えました。

役立つ図書館とは、市民と情報がより有効に出会う機会をもてるような工夫をしたり、レファレンスなどのサービスを強化したりするのはもちろん、より積極的に、生活や仕事、教育、文化など、地域のさまざまな活動を支援する拠点になる図書館です。市民の生活や仕事を支援することができれば、図書館が地域づくりに一役買うことになります。そのために現在、多くの図書館がその地域の特性や課題をもとに、ビジネスや市民活動、教育、法律、医療、子育て支援などさまざまな分野で、その蓄積した情報を活用して積極的に利用者にアプローチする試みをおこなっています。

利用者のために

幅広いニーズに応えられる情報拠点として情報を活用するためには、多方面の資料を収集・保管しなければなりません。図書館の三要素は「資料・人・建物」と言われていますが、資料がなければ図書館ではないのです。新館建設の議論のなかで、塩尻市立図書館が目指す図書館像として「資料あっての図書館」という考え方が強く意識されるようになったことから、使い勝手や見た目が悪いと言われても高い開架書架を採用し、職員が苦労するとわかっていても、四段の脚立を使わなければ手が届かない閉架書庫を作りました。

選書でも、分野別の比重を意識的に変えました。以前は、読み物や児童書の割合が大きかったのですが、生活や仕事のなかで必要とされるさまざまな情報が入った実用書などの、幅広い分野の資料収集を重点的に進めました。

また、限られた予算のなかでこれをおこなわなければならないので、一般書の複本購入を極力抑えるという方針転換もおこないました。分館が八つあることから、以前は、ベストセラー本などは多ければ十冊ほど購入することもありましたが、最大でも四冊までと決めました。実は、四冊はよほどのベストセラー本の場合に限っているのですが、この決定後、一度も複本を四冊購入をしたことはありません。そして差の七冊分で、多様な図書の購入を心がけているわけです。

新しい図書館ができて以降の苦情では、予約した本の順番がいつまで待っても回ってこないという声がいちばん多いと思います。百冊予約が入れば一年以上の待ちになるので、無理からぬことと言えます。塩尻市の図書館づくりが貸出数を増やすことを目標に置いているとすれば、利用者のニーズに応えるべく複本を増やすという選択をすることになります。そして数年後には、そのうちの何冊かが古本市に出されます。

しかしながら、塩尻市立図書館の目標は利用者数を増やすこと、つまり、より多くの利用者のニーズに応えることにあるので、たとえ一年に一回しか利用されなくても、「この一冊が塩尻市立図書館にあってよかった」「図書館に来てよかった」と言ってもらえる本をそろえた図書館でありたいと思っています。

地域のためにという視点

そしてもう一つ、この方針を支えているのは、地域に役立つ図書館を目指すなら、地域を苦しめるような役割を演じてはならないという考え方です。それは、図書館と大きな関わりがある、地域の書店や出版社と連携できるような運営を心がけることになります。

地域の方々が読書に親しむ環境を整えていくことは、書店と図書館や学校などの共同作業だと考えています。図書館で順番を待ちきれない人が書店に行く状況は、「いつでもその必要とする資料を入手し利用する権利」を社会的に保障して責任を負う図書館の機能からは逸脱しているかもしれません。でも、地域の読書環境にこうした選択肢があり、図書館と書店が違った役割をもって人々に読書環境を提供していることは、その地域にとって好ましいものなのではないでしょうか。

選書にあたって、書店に並ぶコミックや新作ＤＶＤ、ＣＤなどは原則的に購入の対象外としていますが、それはこうした考え方から発しています。

こうした方針が固まっていった新図書館建設の過程では、まだ「信州しおじり本の寺子屋」（以下、本の寺子屋と略記）は影も形もありませんでしたが、考え方としてはすでにその萌芽、つまり地域と連携し地域に貢献する図書館という概念があったと言えます。

本の寺子屋

本の寺子屋は、新しい市立図書館本館が入るえんぱーくの開館二周年にあたる二〇一二年七月二十九日に開校しました。

一年あまりの検討と準備を経て、著者、出版社、書店、図書館が一体となって地域の読書環境を整え、生涯読書を推進していきたいという趣旨のもとで、本に関係する多く方々がこれに共鳴して、本の寺子屋は出発しました。

それぞれの立場を代表する形で、辻井喬さん（作家、日本文藝家協会副理事長、日本ペンクラブ理事）、永井伸和さん（今井書店グループ会長、ＮＰＯ法人本の学校理事長）、熊沢敏之さん（筑摩書房代表取締役社長）、常世田良さん（立命館大学教授）に顧問に就任してもらい、開校式には辻井さんを除く御三方が駆けつけて華を添えてくれました。

開校式に続いておこなわれた記念講演には、佐高信さんを迎えました。「本が変える風景」と題した講演で、「「本」の可能性を考えたい」をテーマにした本の寺子屋がスタートしたのです。

開校に先立ち、六月十八日から本の寺子屋プレイベントを始めました。市内の印刷会社の系列出版社が塩尻市在住の絵本作家・深沢美枝さんの絵本を出版することになり、その原画展を図書館内で始めたのです。七月十五日には、絵を描いた松本市出身の田之上尚子さんと深沢さんによるトークショーとサイン会を開催し、会場の入り口で市内の書店が絵本を販売しました。

本の出版に合わせた企画でしたが、期せずしてすべて地元に関係する作者と出版社、印刷会社、書店、図書館のコラボによる企画となり、読者を巻き込んで、本の寺子屋のスタートを飾りました。それぞれがその持ち分を生かして読者のために本を届けるという、本の寺子屋の原型がそこにありました。

図書館版「本の学校」を目指して

本の寺子屋の始まりは、「文藝」（河出書房新社）の元編集長・長田洋一さんと塩尻市立図書館との出会いです。新図書館が開館してまもないころ、秋の古田晁記念館文学サロンに長田さんが参加してくれましたが、後日、胸中温めていた「本の学校」の信州版をやってみないかと提案されたのです。

鳥取県米子市に拠点を置く今井書店が始めた「本の学校」については、ここで説明するまでもありません。そして最初は、本の世界のブランド的存在である「本の学校」を意識したこの事業に、この小さな図書館がどう取り組むのだろうと戸惑い、長田さんが示してくれた講師陣の豪華さにただ息をのむばかりでした。

「本の学校」と、日本の文学界などを代表すると言っても過言ではない講師陣にひるみながら、ともかくも構想を練っているうちに、新聞報道によって今井書店がそれを知ることになったのが大きな転機になりました。永井会長から直接、励ましの電話をもらい、米子までその精神を学びにいく機会を得ることになりました。このとき、「地方発の文化発信」という熱い思いを聞かせてもらったことで、「地域に根差し地域を盛り上げるための事業」という立ち位置が見え、事業の骨格が定まっていきました。

本と読者をつなぐ仕事は、図書館の大きなミッションの一つです。この同じ思いのなかに、著者はもちろん出版、装丁、編集、印刷、流通、書店などのみなさんがいます。活字離れが言われて久しいなか、これらの方々と図書館が連携して本の魅力を発信することで、地域の誰もが本に親しめる読書環境を整えるとともに、それが地域の活性化と出版文化を支える一助となればと考えたのです。

この発想は前述したように、ほかと連携して複合的な機能を発揮することがより高次のサービスを生み出すというえんぱーくの基本的な理念のなかで、むしろ自然な流れでした。そしてそれは、「本の学校」の信州版であると同時に、「本の学校」の図書館版として形を整えることになりました。

図書館発の文化発信

事業の柱は大きく二つあります。

一つは、著者から読者までをつなぐことで、本の魅力や可能性を再発見しようとするものです。初年度は佐高信さん、色川大吉さん、谷川俊太郎さん、さいとうしのぶさんなどを招きました。以降も継続的に、著名な方々に本の可能性について語ってもらう予定であり、本の寺子屋の最も魅力的な部分になっています。

もう一つは、図書館が力をつけ、住民の役に立つ図書館になることです。そのために、図書館の運営やさまざまなサービスをテーマに据えて、県下の図書館を始め、ボランティアや図書館に関心があるみなさんに広く呼びかけ、国内の指導的な方々を招いた講座を実施しています。

図1　装丁家の指導で本作りワークショップ

さらにこれらの講演会や講座と並行して、絵本の原画展や本の装丁展、作家の書簡展などの企画展、ビブリオバトルやワークショップなどの参加型の企画も取り入れ、本や出版文化、活字などに関する肉厚な企画事業にしています。

これらの事業では、本の寺子屋の趣旨に賛同してくれた著者、出版社、装丁家、書店などの協力を得ることによって、幅広い講師の参加や広報活動、複合的な事業展開などが可能になっています。年度当初に毎月の授業計

図２　山中桃子さんの原画展

画を発表することで、参加者が自分に合った学習の機会や内容を選べるのも大きな特徴の一つです。

本が人をつなぎ地域をつくる

この事業をきっかけに、市内の書店とのさまざまな連携も生まれてきました。

まず書店組合と図書館との懇親会を開催しましたが、「初めてのことだ」と言われて驚くと同時に、新しい展開が始まったと感じる、うれしいスタートでした。

市内の書店も事業の広報を積極的にしてくれて、著者を迎えた講演会では、講師の書籍を書店が販売しています。書店と図書館の接点が増えたことで、相互の立場や事情、本に関する情報交換が密になりました。それが、市内の書店からの図書購入の企画を生んだり、書店が薦める本と図書館が薦める本を一枚の広報紙として毎月発行したりする連携を生んでいます。

また書店以外にも、事業に参加したり報道で知ったりした方から、新しい提案をもらったり同じ思いをもつ方を紹介されたりしています。それらも今後、さまざまな新しい企画として、本の寺子屋を成長させてくれることでしょう。

江戸時代、庶民の学校だった寺子屋が全国一多かったという信州。その寺子屋は、僧侶や武士だけでなく、多くの農民も教える立場で関係していました。これは信州の大きな特徴だったと言われています。人々の生活が地域社会と切っても切れない関係にあった当時、寺子屋には地域を豊かにし、未来を託すための、地域をあげての熱意を感じざるをえません。

本の寺子屋は塩尻でまだ始まったばかりの試みですが、その目的は塩尻の特色ある取り組みになることではありません。図書館が力をつけ、地域が力をつけ、その輪が広がって各所で芽を出すような、そんなきっかけの一つになれば、と願ってやみません。

（いとう・なおと：塩尻市立図書館）

第2章　長野県地域史資料データベース構築・公開事業

──ＮＰＯ長野県図書館等協働機構が県民協働の長野モデルを目指す

宮下明彦／寺沢洋行

1　書庫に眠る地域史資料の〝宝の山〟

善光寺大地震

一八四七年五月八日（旧暦三月二十四日）二十一時ごろ、善光寺平にマグニチュード七・四の大地震が発生しました。折しも善光寺御開帳の期間中だったので遠方からの参拝者も多く、そのため身元不明の死者もたくさん出ました。犀川決壊の二次災害まで含めると死者は八千人から一万二千人にのぼり、二万九千戸から三万四千戸の家屋が倒壊したとされ、また、松代藩内だけでも四万カ所以上の山崩れが起こったと言われています。

地震直後の阿鼻叫喚の惨状は、権堂村の名主が綴った絵と文「地震後世俗語種」など各地に多くの記録が残されています。

なかでも有名な記録は、松代藩家老河原綱徳がその手記を整理した稿本『むし倉日記』です。一九三一年に信濃教育会編で信濃毎日新聞社から翻刻された巻末記によれば、同書は「惨害の最も甚しかった領内は勿論南は松本藩領から北は越中富山藩領に及び調査せしめた被害状況の詳細と、続いて翌月岩倉山崩壊と共に堰留められた犀川の水が十有九日で決壊して所謂川中島四郡に氾濫した顚末に至る迄、親しく責任ある衝に当って応急復興に尽瘁した始終を記述して置いたものである」。また、善光寺一帯が火に包まれ、「大勧進は毘沙門山に遁れ、如来も裏手に立退きあり、本堂山門は残り、大勧進は潰れて残り、本願上人の方は跡方もなく焼失侍りぬ」状況で、三日目の「二十六日の夜善光寺の火漸消失たり」と伝えています。

善光寺大地震は各地に土砂崩れを発生させ、崩れた土砂が河川をせき止めました。特に、岩倉山（長野市信更町）の斜面が崩れて犀川に流れ込んだ土砂は、巨大なダム湖を作りました。そのダム湖の長さは犀川の上流生坂村まで二十三キロメートルに及び、水深は六十メートルを超え、諏訪湖の五倍以上の貯水量になったと言われています。この巨大なダム湖が地震発生から十九日後に決壊し、下流地域に大水害を引き起こしました。

同書は、「大浪一度打懸るとみし間に、忽ち十丁の堰留を一時に押払、高浪打て二の湛をも一時に押切、小市へ出たる時、水の高さ六丈六尺ほど有しと云、彼真神の大抜を押はらい、小市の町を片側崩して真直に流失、南の方はこたひ普請の土堤にて暫しは支けるか、是も忽ち押流して、川中島平一面に激水となり、四ツ屋村を四軒残し押流したり」と、その洪水のすさまじさや人為を超えた濁流のさま、流失する屋根や高い木に必死によじ登る村人の姿を伝えています。

洪水を警戒して、妻女山などの高台へ避難し、小屋を作って生活する人々も多くいたようです。松代藩は触書を出して避難を呼びかけ、ダム湖が決壊したら、のろしをたいたり鐘を鳴らしたりして下流まで非常事態を知らせる態勢を整え、「応急復興に尽瘁した始終」も『むし倉日記』は記しています。

図書館などの書庫に眠る地域史資料の山

県下の古い図書館には多くの地域史資料が眠っています。

例えば、上田市立図書館は一九二三年の創設ですが、近世文学や郷土資料の集積で有名な花月文庫《かげつぶんこ》があります。第十九銀行頭取として活躍した飯島花月が残した特殊コレクションで、〝花月一万冊〟と言われています。

花月文庫の特徴は「江戸時代の庶民文学の宝庫」であることですが、寺子屋使用の往来物、例えば「倡売往来」「養蚕往来」「百姓往来」「御家女訓手習鑑」などの教科書類が充実し、明治維新の先覚者赤松小三郎の関係史料、「東山道信濃国略図」など、郷土史関係の第一級史料も収蔵しています。

また、松本市中央図書館には崇教館文庫がありますし、「筑摩懸日誌」「石川玄蕃記」「世々のあと」「新撰和算大全」を始め多くの史資料を所蔵しています。

信州の代表的史料として「蕗原《ふきはら》拾葉《しゅうよう》」がありますが、その原本は伊那市立高遠町図書館に保存されていて、一九三七年に上伊那郡教育会によって翻刻された全巻が飯田市立中央図書館に所蔵されています。飯田にはこのほか「伊那温知集」、阿島騒動一件の関連資料など多くの史資料が保存されています。

県下最古の市立小諸図書館では、藤村が教師を務めた小諸義塾関係の資料を保存しています。さらに、八十二文化財団が運営するライブラリー82には「諏訪蚕糸業紀要」「株式会社第十九銀行ト製糸業」などの産業関係資料があります。

そのほかに代表的なものを列挙しますと、災害の記録である「天明飢饉騒動録」「信州浅間焼之事」、開智学校草創期の教育論「説諭要略」、紀行文の「善光寺道名所図会」「木曾路名所図会」、「貞享騒動記」や「上田島崩格子」「川西騒動見聞録」などの一揆・騒動記、「松本繁盛記」「小諸繁盛記」「木曾式伐木運材図会」「依田社設立趣意書」などの産業関係記録、「真田家御事蹟稿」「新府統記」「天保時代検地作法図」「正受老人崇行録」「和宮様下向日記」「赤報記」、佐久間象山「海防八策」「赤松小三郎建白書」「分県建白書」「上田郷友会月報」「千曲之真砂」「乍恐と一札」「信州伊那郡郷村鑑」などの根本史料、「信濃奇勝録」「龍駕の跡」（御巡幸三十年記念号）、信濃名勝詞林の「かけはしの記」「師範学校生徒修学旅行概況」「飯山鉄道名勝案内」など、枚挙にいとまがないほどですが、これらの原本・翻刻本のほとんどは県立図書館を始め歴史ある図書館、博物館、文書館などに所蔵されていて、県内の地域史資料は膨大な数にのぼります。

地域の課題解決支援や生活・仕事に役立つ

現代の図書館は、読書や教養のためだけでなく、地域の課題解決支援や住民の生活・仕事に役立つ図書館サービスが求められています。

このことは、二〇〇六年に文部科学省から報告された『これからの図書館像――地域を支える情報拠点をめざして（報告）』でも強調され、これからの図書館サービスに求められる新たな視点として、課題解決支援機能の充実、紙媒体と電子媒体の組み合わせによるハイブリッド図書館の整備、多様な資料の提供、ほかの図書館や関係機関との連携・協力が重視されています。図書館法第三条にもあるように、郷土に関する史資料は地域と密接に関係する公共図書館ではたいへん重要な資料です。

住民が地域や暮らしについて考え、改善・改革していこうとするとき、また、仕事や生活上の課題を解決していくとき、まず必要なのはその地域に関する情報や資料です。

東日本大震災以降、震災や災害への関心が高まっていますが、『むし倉日記』はいまから百六十五年前に実際に善光寺平で起こった震災記録として希有の研究資料であり、読み物としても一級で、非常時に際して学問がいかに大きな底力になるかがわかります。

長野県はかつて教育県として高く評価されていましたが、信州教育を再生するためにも先人が残した教育論をひもとき、明治期の小学校建設への住民の熱気などを再確認する必要があるでしょう。また、紀行文・道中記を楽しみ、一揆や騒動記、繁盛記、伝記、地域の記録などの地域史資料から学ぶことは多いはずです。

地域史資料を読みこなせる司書がいない

図書館は地域の史資料を、歴史的なものから今日的なものまで幅広く収集・整理し、利用できるようにして、インターネットや情報環境を整えたり講座を開講して、いつでも、誰でも、その情報にアクセスできるようにしなければなりません。

しかし、現状の図書館には大きな問題が立ちはだかっています。

地域史資料は原文が古文書だったり、明治以降発行のものでも旧漢字、旧仮名遣い、漢文などで埋まっています。古文書を翻刻した明治、大正、昭和初期のものも同様です。

　ところが、図書館が所蔵するこれらの地域史資料を読みこなせる職員はほとんど見当たりません。かつての県立図書館にはこれらの史資料や郷土資料を自由に読みこなし、調査者にとって力強い味方となるエキスパートがいました。当時課長を務めていた松橋好文さんはその代表的司書でした。

　現在、目録が整備できている図書館は多いのですが、地域のお宝とも言える地域史資料の本文そのものを読みこなせて活用できる館長も司書もいなくなってしまいました。その結果、これらの地域史資料のほとんどは、利用者の目に触れる機会があまりない状態で書庫の奥に眠っているのです。

2　長野県地域史資料データベース構築・公開事業——県民協働の長野モデルを目指す

市民参加の図書館が明日を切り開く

　県下には五十年以上も続く例会や講座を始め、地域史研究会、地域史料講座、古文書講座、読書会、読書交流会などの集会文化事業を活発におこなっている図書館がいくつかあります。

　それらのなかには、市民が自ら団体や研究会を組織し、受講者を育て、自主的に運営しているものもあります。例えば、上田の「やまなみの会」「上田小県近現代史研究会」などがこれに当たり、その受講者のなかには古文書や史資料を読みこなせる熟達者が三人から五人もいて、公民館などの講座の講師を務めたり、図書館と協働して貴重史料紹介展や講演会を開催したりしています。

　また、長野郷土史研究会や伊那史学会を始め県内各地で地域雑誌を発行している団体には、県下を代表するような講師や熟達者がいます。

　そのほか、博物館、文書館まで広げれば、古文書や旧漢字を読みこなし、地域史資料を扱える学芸員や学識者はたくさんいるのです。

このような各地域の学識者や熟達者、あるいはデジタル化の専門家、専門業者の協力を得て、図書館などと協働することによって、これらの貴重な地域史資料を読みこなし、活用し、明日を開く図書館活動を展開できるのです。

専門委員会の設置と「長野県地域史資料データベース構築・公開事業」

長野県図書館協会は二〇一二年度事業として、県下のこれらの学識者、専門家、専門業者の参画を得て専門委員会を設置し、地域史資料活用の取り組みを始めました。

これは、二〇一〇年度・一一年度の二カ年事業として実施した「長野県市町村誌史目次情報データベース事業」の経験とノウハウがベースになっています。また、一一年秋には東京大学史料編纂所主催の公開シンポジウムに参加し、先進事例を学んできました。

専門委員会は郷土史の学識者、デジタル関係の専門家、専門業者十人で構成し、二〇一二年七月から検討を開始し、熱心な議論の末、十月末に次のような「長野県地域史資料データベース構築・公開事業」の成案を得ました。

1　事業の目的及び意義
（1）地域史資料の活用
①「長野県を知るための地域史資料百冊」
県下の公共図書館、博物館、文書館等に眠っている地域史資料から「長野県を知るための地域史資料百冊」を選定し、データベースを構築し公開する。
②地域史資料は原本・翻刻本を付し、現代訳するとともに、注釈や解説を付し、誰でも読むことができるよ

うにするとともに、いつでも、どこからでも思いつくことばで検索し必要な箇所を簡単に見られるようにして、地域や生活に役立て、娯楽としても楽しめるようにする。
③地域史資料のうち貴重な資料、古地図等を使って、アニメーション、古地図・街道ガイド等のコンテンツを作成し、四世代（小学生、中高・大学生、社会人、高齢者）対象の学習会、ウォーク等の利用に供し、県下の地域学習、地域文化向上に資する。
（２）官民協働、ＭＬＡ連携による地域活性化
①専門的知識や技術を有する者の協力を得て、専門性の高い人材と県下公共図書館や郷土史研究団体等から成るＮＰＯ法人を設立し、県立図書館や市町村立図書館と協働して事業を推進する。また、事業に伴い図書館の専門的職員を育成する。
②博物館、文書館等と連携して、図書館をはじめ、博物館、文書館等に眠っている地域史資料を発掘、事業化することによりＭＬＡ連携のモデルをめざす。
（３）最新技術の活用・普及、図書館業務の高度化
①対象とする地域史資料について、最新技術を活用してフルテキスト化、電子書籍化し、全文検索データベースシステムを構築し公開する。
②地域史資料活用を促進し、新しい図書館サービスを提供するために、これらの技術の活用・普及を図り図書館業務の高度化をめざす。

助成事業採択と県立図書館の協力

二〇一二年十月末、長野県図書館協会は、「長野県地域史資料データベース構築・公開事業」の具体化を目指し、公益財団法人図書館振興財団の提案型助成事業への助成申請を試みました。全国から十八団体が申請したと聞いていますが、六倍の競争率のなか、幸いにもその年の暮れに採択通知をもらいました。

表1　事業計画の骨子、事業期間及び資金計画

事業内容	2013年	2014年	2015年	2016年	資金計画
①「長野県を知るための100冊」の調査、フルテキスト化、電子書籍化、デジタル画像作成、システム構築・公開など	2月──	────	────	──1月	1,974万円
②古地図・街道ガイドなどのコンテンツ作成と4世代対象の学習会開催など	2月──	────	────	──1月	575万円
③運営費など					387万円

審査内容について知る術はありませんが、おそらく当事業計画がこの提案型助成事業の趣旨に合っていること、さらには事業推進主体として当協会内に学識者、熟達者、専門家、専門業者などから構成するＮＰＯを設立し、県立図書館を始め市町村図書館、博物館、文書館との協働によって事業を推進するという考え方が評価されたのではないかと受け止めています。

県立長野図書館は、二百十五万県民を直接サービス対象とした取り組みが求められています。したがって、県立長野図書館はこのたびの助成事業について当初からたいへん協力的であり、二百十五万県民にネットを介して直接サービスを提供する当計画への期待は大きいものがあります。

地方自治体の財政危機のなか、すべての行政サービスが経費削減を求められていて、どうしたら地域や県民に貢献できるのか、どのように運営していくのかが問われています。

そこで県立長野図書館は地域課題解決支援や生活・仕事に役立つ図書館づくりのために、県内の学識者、専門家・業者、市民からなるＮＰＯ市民団体と協働して事業を推進することとし、そのために、担当職員二人を配置し、館長を始め、企画協力課長、資料情報課長もバックアップする人的体制を整え、物心両面にわたって協力体制をとっています。

また、このＮＰＯは県立長野図書館を始め市町村図書館、文書館、博物館などと協働して、いわゆるＭＬＡ連携による事業推進を目指しています。

キーワードは〝協働〟

このNPOのキーワードは〝協働〟ですが、「新しい公共」の考え方について、内閣府のホームページは「経済社会が成熟するにつれ、個人の価値観は多様化し、行政の一元的な判断に基づく「上からの公益」の実施では社会のニーズが満たされなくなってきました。そして現在、官民の役割分担の見直しがおこなわれ、民間企業や個人と並んでNPOなどの民間セクターが重要な役割を担いつつあります。これまでの行政によって独占的に担われてきた「公共」を、これからは市民・事業者・行政の協働によって「公共」を実現しなければなりません」と述べています。

また、長野県の阿部守一知事も県民協働の先進県づくりを推進しています。そのため県民協働NPO課を設置し、二〇一二年十二月には協働社会実現フォーラムを開催し、一三年四月には公共的活動を寄付金などで応援するサイト「長野県みらいベース」を開設しています。

NPO長野県図書館等協働機構が県民協働の長野モデルを目指す

二〇一三年、新年早々に事業推進のために学識者、熟達者、専門家、市民からなるNPO市民団体の設立のために関係者との協議を始めました。まず、一月の常務理事会で報告協議し、NPO団体設立総会準備会、公共図書館幹事会報告などを経て、一三年二月二十六日にNPO長野県図書館等協働機構が設立されました。

このNPO設立の趣旨は次のようなものです。

①県下の地域史資料活用、事業推進のために、学識者、熟達者、専門家、市民が参画できる受け皿としてNPO市民団体を設立するとともに、県立長野図書館を始め市町村図書館、博物館、文書館などと協働して事業を推進することです。

②自主財源の下で事業、活動を自ら企画し、運営する自主事業の普及、促進です。

③国内外から高く評価され、実績のある専門業者の力を十分発揮してもらうことです。

ＮＰＯ長野県図書館等協働機構は長野県の図書館などにおける県民協働の試金石として、長野モデルを目指しています。

「長野県地域史資料データベース構築・公開事業」は三カ年事業ですが、県下にはまだ膨大な地域史資料が残されていて、書庫に眠る地域史資料の〝宝の山〟を活用できるようにするため、ＮＰＯ長野県図書館等協働機構がその推進役を果たそうと考えています。

（宮下明彦／寺沢洋行〔てらさわ・ひろゆき：前県立長野図書館館長〕）

第3章　図書館の可能性と論点整理

1　長野県の図書館の新しい取り組み　宮下明彦

長野県の図書館の新しい取り組みとしてまず取り上げたいのは二〇一一年度Library of the Year大賞に輝いた小布施町立図書館・まちとしょテラソだ。

受賞は、図書館が住民参加型運営によってまちづくりに貢献した点が高く評価された。

例えば、「おぶせ　まちじゅう図書館」について、図書館長として活躍した花井裕一郎さんは、「まちとしょテラソは、まちづくりの一環として建てられた。そのことを考えると、どんなものごとも館単独で進めるのではなく、町の豊かさにつながる活動を町の中でどんどん起こすべきだと思う」と述べているように、町内の商店の協力を得てその蔵書を店先に配架した図書館を二十館も開館させたり、一つのみかん箱大の箱に売りたい本を詰めて、買い手と会話を楽しみながら本を売買する「一箱古本市」など、本がある場所をつくれば、そこに人々の交流と文化が生まれると、「交流と創造を楽しむ文化の拠点」という小布施町立図書館のコンセプトを具体化していった。結果として多くお客さんを小布施に呼び込み、住民と交流し、観光・商業・農業にも寄与し、まちづくりに貢献している。

また、葛飾北斎と高井鴻山はじめ小布施人との交流を伝える郷土資料のデジタル化や、先人の生き方を次世代に伝える「小布施百人選」「お肴謡伝承活性化事業の寶生太夫勧進能絵巻ひもときワークショップ」などの企画を矢継ぎ早に展開して地域文化を発掘し、現代に蘇らせるとともに、新たな記録保存活動も住民と一緒に取り組んだ。

伊那市立図書館も活発な取り組みをおこなっている。「高遠ぶらり街なか探索ワークショップ」「伊那電鉄一号車伊那まつり巡行」「伊那谷自然環境ライブラリー」「起業情報ウィーク」など多くの取り組みを住民とともに進めている。高遠町図書館では古文書デジタル化も推進している。住民が知識社会で生き生きと学び、働き、暮らしていくためのお手伝いができる、図書館がそんな場になることを目指している。

えんぱーく・塩尻市立図書館は市街地活性化の期待に十分応えた成功例だ。図書館がもつ集客力が高いことを実証した。高校生に塩尻市でいちばん好きなところはどこかと聞くと、即座にえんぱーくという答えが返ってくる。フレッシュな図書館、地域に役立つ図書館、生活や仕事を支援する図書館、ホスピタリティーあふれる図書館を目指している。最近は「信州しおじり本の寺子屋」という作家や文化人を多く招き、地元の活動家などと一緒に読書活動を展開している。

小布施の花井前館長や伊那市の平賀研也館長も塩尻市の内野安彦前館長も公募館長または招聘館長だが、現在長野県では公募館長や招聘館長が大活躍していることが大きな特徴と言える。

二〇一三年四月に開館した中軽井沢駅図書館と軽井沢図書館の館長は藤巻進軽井沢町長が三顧の礼をもって迎えた元NHKアナウンサーの青木裕子さんだが、朗読の名手として軽井沢を拠点に朗読の楽しさを県下に広げようと意欲的だ。

一般的に、館長を公募すると県内外から三十人ほどの応募者があるようだが、人件費的には現役の公務員館長の半額から三分の二ぐらいの場合が多いらしい。全国から優秀な人材を図書館長に迎えることができるアメリカ型だ。

これまでに県下の公募館長や招聘館長は、伊那市立図書館長、軽井沢町立図書館長、塩尻市立図書館長、小布施町立図書館長、佐久市立図書館長、大町市立図書館長があり、最近は坂城町立図書館も公募に踏み切った。人件費（税金）はより少なく、サービスは飛躍的に増大する場合が多いから、公募館長や招聘館長は今後さらに増加するだろう。

長野県下の図書館長の現状は、行政職の現役館長・嘱託館長が大半を占めているが、単に予算・人事・施設管理のオペレーションにとどまっているところが多い。司書有資格の館長は飯田市立中央図書館長ほか五、六人にすぎず、県下に八十二人いる館長の七パーセントという低率だ。また、一昔よりだいぶ人数は減っているが元学校長の館長もいる。

上田情報ライブラリーの市民協働の図書館づくりへの挑戦も注目すべきことだ。

NPO法人上田図書館倶楽部が市職員と協働して、暮らしとビジネス支援、地域文化の創造と発信、市民協働の図書館づくりのコンセプト達成を目指している。生活や仕事に役立つ図書館、地域文化の創造を目指す活動や事業は、NPO法人上田図書館倶楽部の力に負うところ大である。

この倶楽部は、現在七十人ほどの会員が五つの部会に所属し活動している。特筆すべき部会は情報サービス部会で、パソコンの得意なエキスパートが二十人ほどいて、上田市、信大繊維学部に本拠を置く上田市産学官連携支援施設・AREC、長野県図書館協会などから事業を受託するとともに、市民の情報リテラシー支援、データベースショートセミナー、パスファインダー作りなどの活動をおこなっている。

また、文化部会はことばの繭ホール文化事業として、毎月コンサート、朗読会などの集会事業をおこなっている。

長野県は伝統的に読書活動が活発で、現在四百を超える読み聞かせグループがある。なかでも茅野市の「読りーむinちの」は有名だ。乳幼児期からの読み聞かせと読書が未来を築く子どもたちの生きる力と心を育むとして、全国に先駆けて始められたファーストブックプレゼント、読書の種まきを学齢期につなぐセカンドブックプレゼント(1)、保育園や小学校・中学校・高等学校での朝の絵本・読書の時間が定着している。また、市民のお話し会や読み聞かせの会の活動も活発で、市民への読書活動の輪が広がっている。

注

(1) 茅野市では、ファーストブックプレゼントとして、出生時に一冊、四カ月検診時にもう一冊、計二冊をプレゼントし、楽しい絵本の世界に出会ってもらえるよう応援している。また、セカンドブックプレゼントは、小学校に入学する児童にお祝いの本として、絵本やお話の本を一冊、すべての児童に贈っている。

2 まちづくりと図書館　大串夏身

図書館はまちづくりの中心的な位置にありたい、というのが、長年の図書館員の願望だった。というのは、図書館は住民の意思によって作られ、住民が出している税金によって運営されているからだ。つまり、図書館はまちづくりの一端を担うべく期待されて地域社会のなかに生み出されてきたと言っていい。

図書館を取り巻くまちづくりには、三つの側面がある。一つ目は、地域の団体自治に由来する側面である。これは市役所、町役場、村役場が進めるまちづくりで、市町村の将来構想や計画を策定して、それに沿って進められている。議会も積極的に関わっている。図書館はそのなかに位置づけられている。二つ目は、住民が図書館に関わるなかで、図書館の仕事やサービスの一端を担ったり、関係する読書活動や地域資料・情報に関して積極的に創造的な活動を展開するという側面である。これは図書館に関わる、あるいは図書館を拠点にした住民活動と呼ぶことができる。三つ目は、図書館がもつあるいはアクセスできる知識・情報・資料を活用して、地域の各種の活動にそれを役立てる、という側面である。例としては、地域の課題解決支援サービスの一例として農業活動の支援サービスの一環として、相談会を開催したり、住民のグループ作りをおこなったりして、その結果、住民と図書館と協力して、朝市を開催するということなどがある。これは図書館が地域の課題として農業支援を設定して、それに取り組むことから発展していったものである。まちの活性化へ貢献すると言った方がいいかもしれない。これらは、市民協働の図書館づくりという側面ももっている。

もう少し詳しく説明してみよう。

図書館は、まちの活性化に大きな役割を果たすことができる。これは、図書館があらゆる年齢の、またさまざまな階層や職業の住民を集めることができる施設という特性からきている。小さな子どもをもつ両親や家族、小学生・中学生・高校生、社会人、高齢者、それぞれに本や情報を求めて図書館を訪れる。自治体によっては、毎日の来館者が住民の一〇パーセントを超えているところがある。そうした住民に本を貸し出すだけでなく、交流する、という機会と場所を図書館が用意すれば、図書館は住民にとって集いと交流の空間にもなりうる。まちに一定のにぎわいを作り出すことができる。図書館がおこなう参加型サービスを通して住民が新たな地域活動に取り組むという効果も生み出すことができる。これはささいなことから可能だ。例えば、図書館の入り口に地域の地図を貼り出して、四季、それぞれにテーマを変えて、来館者に、地域で見かけた、例えば夏であればホタルを見た地点にマークのシールを貼ってもらい、多い地域に出かけていってホタルの観察会を開く、といったものだ。こうしたささいな取り組みから少しずつ本格的な方向へと計画的に進めていくという視点があれば、実現が可能だ。

二つ目に特に近年求められているのは、地域の読書活動の推進だろう。図書館は、従来も児童サービスの一環として、地域の住民のなかに図書館員が出かけていって、さまざまなはたらきかけをしてきた。近年それらのバージョンアップが求められている。一つはゼロ歳児からの読書の勧めで、イギリスの一九九二年から始まるブックスタート、一歳半児対象のブックスタート・プラス、三歳児に対する本の宝箱などがそれだ。これは単にそれぞれに時期のイベントとするのではなく、それをきっかけにした日常的な地域での住民（特に若い両親）に対するはたらきかけが必要だ。さらに、小学生に対するはたらきかけ、学校図書館との連携も強める必要がある。特に小学生の高学年では知識に関する本を求める時期で、図書館としては、その時期の児童が読む知識の本の整備に努め、その案内、読書のススメを積極的におこない、学校図書館を支援すること、そのためには、教科書の単元ごとに関係する本のリスト作りから始めることが有効だ。もちろん地域での講演会などの普及・啓蒙活動もあわせて進める。これらには住民ボランティア・住民グループの積極的な活動や野鳥観察会など自然・科学・工学系の住民活動グループとの関係作りが不可欠と言える。

三つ目に関してはすでに事例も含めて説明したので特に補足はしないが、地域の課題は、図書館が置かれている地域の状況をよく観察・研究したうえで、住民の関心が高いもの、図書館で取り組めるものを考慮したうえで取り組むことが求められる。住民の関心が高いが、図書館ではまだ取り組むことができないというものも少なくないだろう。無理に取り組むこともない。ただ、テーマ展示や情報の発信は、こうしたテーマでも積極的におこなうべきだろう。取り組む場合は、関心ある住民の交流の機会をなんらかの形で設けることも視野に入れて計画するといい。

（おおぐし・なつみ：昭和女子大学教員）

3　図書館職員の専門性とは何か　宮下明彦／大串夏身

図書館職員の専門性は、テクニカルサービスとマネッジメントに大別される。

さらに、テクニカルな面は技術・技能の専門制と主題専門性に分かれ、図書館資料の分類・目録・索引などの資料組織、児童に対して読み聞かせやブックトークができる、インターネットや商用データベースの知識や技術、サーバーの管理ができるなどは技術・技能の専門性である。

また、郷土史、地域の伝統的な文化・芸能、文学や芸術、子育て、教育、若者の自立支援、健康・医療、福祉、法律・司法、地方公共団体の施策の把握などは主題専門知識が必要である。

主題専門知識を基盤にした、例えば読書を通した子育て支援に関わる各種のサービス・行事の実施、住民のグループ作りや、地域の課題や特定のテーマに関する各種のサービス・行事の実施、各種団体・個人との連携、また関心がある住民の交流を促すコーディネーターとしての役割などは、主題専門知識とテクニカルサービスとの融合したものと考えられる。

一方、マネッジメントとは、図書館奉仕の機能達成のために、サービス目標・事業計画を掲げ、予算を確保し、職員の専門性を高め、外部からの専門的知識・技術を有する者の協力を得て、市民参加・市民と協働し、専門機関・団体と連携する先頭に立つことをいう。新聞記者と接触して記事にしてもらうこともマネジメントの専門性である。


現在、長野県下の公共図書館は行政一般職が館長や係長などを占めて事務管理部門を担い、直接サービス・間接サービスにあたる司書などのほとんどは嘱託職員、臨時職員で構成されるという職員体制が一般的である。しかし、行政一般職は人事異動が不可避で二年前後で異動し、臨時職員は身分的に不安定で、専門的なサービス提供に必要な知識・技術・経験の蓄積は制度的に難しい面がある。

その結果、館長や管理職は、予算と人事と施設の管理という、テクニカルでもマネッジメントでもないオペレーションが主になる傾向がある。

図書館法上、図書館職員は「専門的職員、事務職員及び技術職員を置く」とされているが、実態的には司書の配置は不十分で、技術職員は皆無だ。したがって、事務職員（正規職員）がカウンター業務をおこなうことが一般的になっている。この職員体制の構造が無料貸本屋の背景であり、専門性アップを困難にしていると言える。

一方、専門性が要求されるブックトークや読み聞かせ、障害者サービスの音訳やデイジー図書制作、インターネット情報源や各種データベースの検索技術、デジタル化の知識・技術、読書会や各種講座の講師、製本修理の知識・技術、郷土資料や古文書が読めるなどはボランティアや市民が担っているのが実情だ。ボランティアが専門性を担い、正規職員（事務職員）が補助業務にあたるという本末転倒した実態が少なからずある。

以上みてきたように、図書館職員の専門性に基づいて図書館員は独自の固有の専門的な職務領域をもっている。それは社会的な諸関係のなかで形成されてきたものである。

維持・発展させる条件としては、社会の要請、住民のニーズ、新しい技術などの外的なものと図書館員の自己研鑽から始まる研修・研究・サービスの開発がある。特に住民との関係は重要で、図書館員は住民に育てられるという側面は忘れてはならない。例えば、住民（利用者）から聞かれる・質問を受けることによって、レファレンスの質問受付・調査、回答の知識・技術は向上する。一年間に多数の質問を受け付けている図書館職員と、ごくわずかしか受け付けていない図書館員ではおのずと蓄積されるその力量に違いが出るし、図書館で設定する職務の内容も違ってくる。また、地域の課題解決支援サービスに取り組んでいる図書館とそうでない図書館では、力量と職務領域・内容に違いが出る。

専門性の向上のためには経験の蓄積と蓄積した経験の対象化、分析・検証・改善が必要だ。同時に、専門性をアピールすることも求められる。レファレンスの質問・回答サービスでは、情報発信と同時に国立国会図書館がおこなっているレファレンス協同データベースに参加するなど図書館のネットワークに加わり、そこから学ぶとともに、そうした事業に参加・協力していることを外部にアピールする。専門的な事業への参加は、現場の図書館職員の専門性の理解へのきっかけとなる。

図書館職員の専門性は、住民とのダイナミックな関係のなかで形成されるとともに、図書館協力事業に積極的に参加することで高められる。図書館をめぐる環境は常時変化しているし、住民の力量・意識も変化している。

教育内容はほぼ十年ごとに変わっているし、調べるツールも大きく変わった。まちづくりの活動も変わってきている。こうしたなかで図書館職員の求められる専門性も変化する。まちづくりなど住民の活動と積極的な関係を取り結び、住民とともにあるという関係を築くなかから、新しい専門性と内容が構築されるということも忘れてはならない。

4　明日をひらく図書館をつくるために　宮下明彦

コンピューター情報通信ネットワークを基盤とした新しい社会が到来する。既存の団体・施設はその役割、社会的な有効性など見直しが求められる。まず、それぞれに団体・施設などが自ら点検・評価する。不要であれば廃止される。公共図書館も同様である。まず、原点に戻って考える必要がある。

図書館は、長い人類の歴史に寄り添って存在してきた。それは人間の知的な生産物を収集して整理・保存するとともに新たな知的な生産に活用するために存在してきた。これは現在も変わらずすべての図書館に言える。近代社会に現れた公共図書館は、生涯に学び続ける場として、人の成長を支える施設として、また、仕事と生活に役立つ施設としてその役割を果たしてきた。さらに現代では、コンピューター情報通信ネットワークの構築が進むなかで地域の知識・情報センターとなる、という提案がおこなわれている。公共図書館は地域住民にとって、必要なときに必要なあらゆる知識・情報、資料を入手できる施設になるというものだ。

新たな知的な社会が到来するなかで、知識・情報の創造・再生産の拠点としての役割を果たすために知識・情報のセンターとなるとともに、読書を通して新たな社会で活躍する人を育て、また仕事と生活の向上のために積極的に知識・情報を提供するという、いままで以上に公共図書館は重要な役割を期待されていると言える。

明日をひらく図書館をつくるためには、まず、公立図書館の設置者である首長・議会、管理する教育委員会、そして図書館職員自身がこのような図書館の機能と役割について理解することが大事だ。

図書館の根拠法は言うまでもなく図書館法である。また、文部科学省は二〇〇六年に「これからの図書館像――地域を支える情報拠点をめざして」を報告し、一二年十二月には十一年ぶりに「図書館の設置及び運営上の望ましい基準」(以下、「望ましい基準」と略記)を告示した。

関係者はまずこれらを理解することが求められる。今後の図書館の可能性はこれまでの教育委員会や行政の理解を超えていて、これからの日本の知識基盤社会で、図書館は誰でも知識・情報を得ることができる最も身近な施設として期待されている。

長野県の大きなテーマになっている教育県長野の再生も、図書館のベースなくしては語れない。

公立図書館を真に住民へのサービス機関へ転換させるために、図書館の管理運営体制を見直す必要がある。「望ましい基準」が、「図書館の設置者は、(略)必要な管理運営体制の構築に努めるものとする」と述べているのはそのことの指摘だろう。

選挙で住民から選ばれた首長が、その知的・情報・文化的政策を直接推進するために、教育委員会の管理から切り離し、首長直属にすることも検討されていい。カルチュア・コンビニエンス・クラブの指定管理者に切り替えたことで話題になっている佐賀県武雄市立図書館に注目したい。

いずれにしても、公立図書館は住民が知識、思想、文化、情報に自由に、そして無制限に接することができる社会的インフラであり、その管理運営においても、公務員だけでなく市民参加・市民協働、内閣府などが提示している「新しい公共」の考え方の導入が必要である。

特に、県立長野図書館のありかたは重要だ。県立図書館のありかたやサービスについて、長野県議会で一般質問がなされたとは寡聞にして知らない。それほどに、県立図書館の存在は県議会議員の意識からは遠い存在なのだろう。そのせいか、県立長野図書館の図書費は三千万円以下に激減し、松本市の三分の一、長野市の二分の一以下、上田市や飯田市、塩尻市、安曇野市より低額で全国都府県立図書館の下位グループに転落している。

また、毎年約二億円の人件費が投入されているが、はたしてそれに見合う図書館サービスを県民は享受しているだろうか。職員は精勤しているが、二百十五万県民に届くようなサービスや県の課題に対応したサービスがおこなわれているだろうか。県立図書館に期待されている市町村図書館への支援は十分だろうか。利用状況の実態を見ると疑問がわく。

しかし、県立長野図書館は、一九五〇年代半ばから七〇年代にはPTA母親文庫活動という小学校PTAの若いお母さんたちを中心に県民の約半数が利用したという大読書運動を主導した輝かしい歴史をもっている。

これからは、公立図書館未設置の二十四町村への図書館サービスの提供やインターネットを活用して県民に直接届くサービスの展開が重要だ。また、学校図書館や公民館図書室などを通じた団体貸出の活発化も必要だ。図書館未設置町村の解消を図るためのはたらきかけ、施策も課題だ。

「望ましい基準」は、情報サービス、地域の課題に対応したサービスの充実を求めており、長野県図書館協会と協働して「長野県地域史資料データベース構築・公開事業」を推進するとともに、仕事や生活に役立つ資料や情報の整備・提供を各地で積極的に展開することが重要である。

また、県立図書館は外部の専門的知識・技術を有する者の協力を得て、各分野にエキスパートを擁し、市町村図書館へのサポート、職員専門研修や情報リテラシー教育の役割を果たすことが期待されている。

さらに、郷土資料や地方行政資料を積極的に収集して、電子化、学習機会の提供などによって県民が利用できる形にして次世代に伝える役割もある。

これらの県立図書館の本来的機能と役割を十分果たし、市町村からもっと期待されるためには、県立長野図書館のあり方を見直し、管理運営体制について、「新しい公共」の考え方に基づき県民協働を実現する抜本的改革が必要である。

明日をひらく図書館をつくるために、図書館長の役割は重要で、住民に図書館サービスを提供できる術をもち、専門性が高いテクニカルサービスとマネッジメントが期待できる公募館長や招聘館長がもっと増えることが望ましい。

今後は、公募館長や招聘館長、行政職館長、校長退職館長などが情報交換を密にしてそれぞれの長所を生かし、切磋琢磨し合う環境づくりが必要だろう。

阿部守一長野県知事は県民協働を柱の一つにした長野県総合五カ年計画を推進しているが、県下の図書館は多くのボランティアが支えているし、NPO法人上田図書館倶楽部の活動、読りーむinちのような市民的な読書運動をはじめ、市民がその知識、技術、経験などを生かして業務として参画する、協働による図書館運営体制の確立が重要になっている。

小布施町や塩尻市の先駆的な図書館、NPO上田図書館倶楽部の活動、読りーむinちの読書運動をはじめ、広域的ネットワーク形成、新しい情報技術を生かした図書館サービスなど長野県内にも新しい芽がいくつか出てきている。今後、これらの点を線としてつなげ、さらに面へと広げていき、他府県の図書館にとっても一つの刺激になるような、明日をひらく図書館づくりを期待したい。

5　鹿嶋市と塩尻市での実践を通じて　内野安彦

鹿嶋市から塩尻市へ

茨城県鹿嶋市役所を退職し、その翌日、私は塩尻市役所に採用された。二〇〇七年四月のことである。この年、私と伊那市の図書館長に当該市役所職員ではない外部の者が就いたことが嚆矢となり、長野県の公共図書館に次々と外様館長が誕生することになった。その後、時系列に追えば、小布施町、大町市、佐久市などへと続いていくのである。ある時期、五人もの外様館長がいたというのは、長野県の図書館史上初めてのことであり、今後もきわめてまれなケースとして、後世に記録が伝えられるのではないだろうか。

学校の教師が退職後に司書の有資格者であることを買われて館長に登用されるのは、長野県でも他県の例に漏れないが、先述の外様館長はすべて司書の有資格者ではなく、学校教育や社会教育分野以外の経歴を有する人たちである。しかも、公募による採用だった。そのようななか、塩尻市は公募という選考方法を採らず、私は招聘という形で任に就いた。

塩尻市から採用の意向が伝えられてから、採用にあたっての諸条件で合意点がなかなか見いだせず、その結果、当初聞かされていた採用時期がずれ込み、新図書館の基本設計の議論に加わることができなかったことに一抹の不安があったが、『これからの図書館像』の実現を前面に出した「塩尻市立図書館基本計画」の方向性は、私の考える理想の図書館の姿を描いていた。鹿嶋市役所にいても、先々、新館建設に携わることは非現実的な夢だったことから、塩尻市の求めに応じ、五十歳での転職を決意した。

鹿嶋市立図書館での実践

鹿嶋市の図書館には、係長、館長補佐、館長と役職を変えながら九年間勤務した。行政職採用なので、きわめてイレギュラーな長期の在籍期間と言えなくもない。自ら希望して異動した職場であることに加え、読書アドバイザーと司書の資格があることと、図書館情報大学から筑波大学へと、大学院の修士課程を経て博士課程へと図書館情報学の研究を続けていることが、人事課にとって本庁異動への「足枷」だったにちがいないし、私自身も図書館残留を強く希望したことで、図書館勤務は九年間の長きに至った。

当時の鹿嶋市立中央図書館は、降雨時はエントランスロビーに雨水が落ちたり、レファレンス室のカーペットの床に雨水が浸潤したりと、施設の老朽化が著しく、毎年繰り返し予算要求する施設修繕費の獲得が喫緊の課題だった。こうした窮状から施設面でのアメニティは諦めざるをえなかったが、ソフト面は私の前任者の取り組みを継承しながら、斬新な取り組みを数多く展開した。

インターネットが台頭する直前、現在ほどは家庭に普及していなかったパソコンを利したパソコン通信による図書館とユーザーのバーチャルなコミュニケーションの場を作ったり、市内の伝承行事を映像として残すアーカイブス事業をおこなったり、斬新なカラーとスケルトンで一世を風靡した一体型パソコンの iMac（アイマック）を館内に三台設置し、ゲームなどを通じて、特に児童のパソコンへの関心を喚起するなど、ニューメディアの活用はおそらく県内でも突出していたと思える。現在ほどは民間のパソコンショップがなかった時代、ITボランティアの協力を得て、参加者に自宅からパソコンを持参してもらい、あらゆる機種・OSに対応したパソコン教室も図書館で取り組んだ。これらの主な活動は、県の補助金などの外部資金の積極的な活用を図った。

また、鹿嶋市などの行政関係の新聞記事のデータベースを作成し、庁内LANで共有のものとするなど、行政支援も早い時期に展開した。さらに、県内で先駆けてメルマガを配信するなどおこなったが、データベースについては、著作権法の問題もあり、庁内的に十分な理解を得るまでに至らず、現在に続く事業に育てることはできなかったが、これらも財源は外部資金の活用によるものである。

もちろん、単にニューメディアの情報サービスに狂騒するのではなく、郷土資料の収集を重視し、また当該資料の散逸などを防ぐための保存にも労力をさき、オリジナル資料の作製に努めた。

さらに、人事面では、庁内で初めて嘱託職員制度を導入した。非正規職員の雇用の改善を図り、面接と筆記試験の採用試験を導入することで、図書館職員の専門性の庁内での理解を深めることに努めた。

塩尻市での新たな挑戦

このような鹿嶋市での経験を積んで着任した当初の塩尻市の図書館は、鹿嶋とはまったく異質の世界だった。先述したようなニューメディア系の事業は一切おこなわれておらず、既に多くの図書館で貸出されていた映像資料もコレクションの対象とはなっていなかった。

図書館ボランティア登録制度もなく、読み聞かせなどのボランティア団体の全市的な連合組織もなく、あまりの環境の違いに戸惑ったことは確かである。

私が着任する前年に開設準備室が本庁に置かれ、図書館を核とした複合施設の建設準備が既に始まっていた。図書館経営の経験はあっても、新館建設の経験はなく、資料の購入、資料装備、備品などの選択、新図書館システムの導入など、膨大な準備作業と、開館までのタイトなスケジュールも課題ではあったが、それ以上に慎重におこなわざるをえなかったのが職員の意識改革だった。

教養重視型の図書館を脱皮し、教養重視も当然ながら、かつ課題解決ができる「役に立つ図書館」を新しい図書館の姿として標榜し、さらに、地域経済の活性化にも寄与できる施設とするミッションを受け、塩尻での新しい図書館づくりが始まった。

私のような外様館長が就いた図書館は、従前に比べ一様に貸出冊数を急伸させる図書館が多い。コレクションの見直しや大胆な経営方針によって当該館長の経営手腕がマスコミや市民の注目を浴びるが、私は着任早々、市長に経営方針をこう伝えた。「貸出冊数を伸ばそうなどとは思っていません。一人でも多くの方に図書館サービスを享受してもらうために新規登録者を増やし、資料の差別化で市外からの図書館利用者も増やします」と。

ヘビーユーザーを増やすことで貸出冊数は伸びるが、大切なことは図書館サービスが伝えきれていない人たちに、公共サービスの使命として、税金を還元することである。多種多様な資料を収集し、一人でも多くの利用者を引き付けることが大切であることを職員に説き、ベストセラー本の複本購入の抑制、分館も含めた総体的な雑誌収集方針の変更、近隣市のコレクションとの徹底した差別化、さらに郷土資料の網羅的な収集をコレクション作りの新機軸として打ち出した。

また、排架計画も従来のＮＤＣ（日本十進分類法）に準拠したものではなく、利用者にとって使いやすい排架を職員とともに探り、ＡＶ資料と本の混配や、利用者がワンストップで関連資料が手に取れるオリジナルの排架方法に取り組んだ。図書館員にとって返本が面倒でも、利用者にとって情報が入手しやすい排架に努めた。図書館と書店のハイブリッド排架である。

そして、最大の改革はホスピタリティーを徹底したことである。もともと、利用者には「こんにちは」「ありがとうございました」などの挨拶ができている図書館ではあったが、組織のルールというよりも個人の感性によるところが大きかったので、組織として、利用者を迎える気持ちを言葉に表すことを、塩尻の図書館のブランドとして励行するよう指示した。それは言葉だけにとどまらず、服装の統一という直営の図書館にしてはきわめてまれなスタイルを職員自ら考え実践に移すことにもなった。職員自らがホスピタリティーに真剣に取り組んだのである。

新館建設という話題性もあり、図書館に関する記事が頻繁に新聞の紙面を飾った。もちろん、待つだけではなく、戦略的なパブリシティ活動に努め、写真が掲載される場合は、できるだけ職員を被写体に、と促した。館長ばかりが紙面を飾っていては図書館職員は精神的に一つにならない、という持論に基づいた実践である。図書館の「顔」は職員である。

また、不断の学習の必要性を説くことで、職員が旅行時に図書館に寄ってくるようになり、五年間で組織風土は大きく変わった。積極的に学ぶ職員集団へと成長したのである。館長が情報を独占することなく、正規・非正規にかかわらず、可能なかぎり情報を共有し、図書館員の矜持を育てることが図書館長の最大の仕事であり、職員はよくついてきてくれたと思う。

その一つの証左が、国立国会図書館のレファレンス協同データベースへの積極的な事例協力で、二〇一三年に国立国会図書館長からの礼状を受け取ったことである。図書館は貸出冊数の多寡で評価されるサービス機関ではないことを職員は理解してくれたのである。

新館の開館と実績

二〇一〇年七月二十九日、新図書館が開館した。開館前の予想では、図書館の年間の入館者は約二十万人と推測されていたが、一二年度の年間入館者数は、約四十四万四千人である。人口が六万七千五百人のまちとしては全国有数の集客力と言える。そして、新館での新規登録者の三人に一人は市外在住者であり、県内の広域から来館者を得ている。そして、同じく一二年度の個人貸出冊数は、約六十八万冊を数え、市民一人当たりの貸出冊数はついに十冊の大台に乗った。本稿を書いている時点では県内の他市町村の図書館統計がわからないため正確さは欠くが、前年度に続き、県内十九市中で第一位だと思われる。

貸出冊数を伸ばそうとしなくても、利用者が増えれば当然ながら貸出は増えるはずであり、当然の帰結と言えなくもない。しかし、ベストセラー本やコミックスなどの利用の多い資料を大量に所蔵し貸出を伸ばすのではなく、隣市にない資料を意識的に収集することで、多種多様なコレクションとし、貸出を伸ばすことでは意味が違う。そもそも「この本は借りる人がいるのだろうか」という視点で資料を選択すること自体が間違っているのである。図書館は地道に良書を発行する少部数の出版物を買い支え、保存するセーフティーネットの役割があるのである。

また、隣市と休館日を変えたことで、図書館サービスの休みがない地域としたことも一因だと思う。

最後に、塩尻市立図書館の象徴的な変化を述べたい。それは、表1の相互貸借数の変化である。わずかな期間で、こういう変化をとげたのである。市民はもとより、県内外の利用者の求めに応じられる図書館に変わったのである。

表1　塩尻市立図書館の相互貸借数の推移

年度	貸出（点）	借受（点）
2007年度	196	449
2008年度	207	665
2009年度	310	663
2010年度	313	230
2011年度	571	199
2012年度	692	336

以上、限られた紙数で意を尽くすのは困難だが、十四年間にわたる鹿嶋市と塩尻市での図書館づくりを振り返ってみた。すべて、これらは職員やボランティアなどの実践によるものであり、また市民（利用者）が受け入れてくれた賜物である。

私は、「いい図書館ですね」と言われるよりも、「いい職員ですね」と部下をほめてもらえることのほうがはるかにうれしかった。「図書館は人で決まる」。その実践記がこの拙稿である。

（うちの・やすひこ：常磐大学・松本大学松商短期大学部非常勤講師）

第4章　広域図書館情報ネットワーク
――すわズラー・エコール・南信州図書館ネットワークの実践

長野県にはいくつかの広域的な図書館情報ネットワークが構築されていて、その地域の図書館サービスの基盤を支えています。上田広域の上田地域図書館情報ネットワーク・エコール（以下、エコールと略記）、諏訪広域の諏訪広域図書館情報ネットワーク・すわズラー、飯田地域の南信州図書館ネットワークがそれで、合併前の松本市と波田町にはアルペンハーモネットがありました。

これらのうち、すわズラーは一九九五年四月に最も早く稼働し、エコールが同じ年の十二月にスタートしました。そして、南信州図書館ネットワークは二〇一一年から稼働しています。

このように広域的な図書館情報ネットワークがいくつも形成されていることは、長野県の大きな特徴となっています。

1　なぜ、広域図書館情報ネットワークが長野県に多いのか　宮下明彦

なぜ長野県には広域図書館情報ネットワークが多いのでしょうか。その理由をあげてみます。

第一に、長野県は盆地の国だということです。信州は県域が広く、「信濃の国」にも歌われているように善光寺平、松本平、伊那盆地、佐久平と大きく四つの盆地からなり、地域によって天候も言葉遣いや気性も異なり、

それぞれの盆地には独自の文化圏が育っています。特に、諏訪地域は古代から諏訪社を中心として独特な文化圏が形成されていて一体感が強い地域と言えます。

第二に、通勤、通学、買い物、病院などの日常生活は一自治体の範囲内で営まれているわけではなく、むしろ広域圏が日常生活の舞台であるということです。

第三に、そういう文化圏、生活実態のなかで、住民が広域圏のなかで図書館をもっと自由に利用したいと思っていることです。特に蔵書が比較的少ない周辺町村図書館は、多くの蔵書を有する中心的都市の図書館にバックアップを期待しています。

第四に、図書館業務のコンピューター化の進展があります。松本・上田・諏訪地域に広域的なネットワークが構築された一九九四年、九五年当時は、図書館業務電算化の導入と拡充の時代でした。例えば、上田地域の図書館でそれ以前に電算化されていたのは上田市立図書館（一九八九年）だけでしたが、丸子町、東部町、坂城町もコンピューター化を検討していて、ネットワーク化はすなわち図書館のコンピューター化促進策でした。遅れていた図書館は先駆した図書館に引っ張られ、結果的に一挙に図書館のコンピューター化が図られたのです。

第五に、長野県全体の図書館ネットワーク化は、二〇〇八年度になってようやく県下横断検索システムができあがったのですが、そのときは全国の最終ランナーに近かったのです。県の対応が遅れたために、逆に各地で広域的な図書館ネットワークが発達したとも言えるでしょう。

2　上田地域図書館情報ネットワーク・エコール発足のころ　宮下明彦

エコール構築とその骨子

一九九五年十二月にスタートしたエコール構築には、当時の上田市立図書館、丸子町立図書館、東部町図書館そして坂城町立図書館の四館長の熱い思いがありました。

一九九四年五月下旬に県下館長会議が中野市で開催されましたが、その席で坂城町立図書館長の中沢渥志さん（かつての上田市立図書館長）と久しぶりに会って意見を交わすうちに、これからはネットワークの時代なので、この際丸子町立図書館、東部町図書館にも呼びかけて上田地域の図書館ネットワークを目指して検討を始めようということになりました。

そして七月から上田、丸子、東部、坂城の四館長による検討会議を開始し、毎月二、三回のペースで頻繁に会議を重ねました。丸子の高井芳久館長、東部の小林幸喜館長は校長を退職した嘱託館長で、当時四十八歳だった筆者が幹事としてこれらの先輩に支えられながら会議をリードしました。上田市のシステムを担っていたテレコム・ユーも当初から参画し、お盆過ぎからは四館の担当職員も会議に参加して、実務的な検討も始めました。

その検討結果の骨子は次のようなものでした。

①上田地域の住民は、エコール参加図書館を無条件に利用でき、一枚の利用者カードでどこからでも借りられ、返却できるようにし、通勤・通学・買い物などの日常生活圏のなかでの図書館利用を促進する。

②コンピューター検索・予約、配送車によって迅速な相互貸借を実現する（その結果、エコールの予約本は一、二日以内に届くようになり、相互貸借が著しく増大した）。

③同じソフト（NEC）、TRCマークなどに統一し、内容細目、入力・同定作業によって総合目録を構築する。また、ホストコンピューターの共有によって費用負担の軽減を図る。

④物流はテレコム・ユーに委託し、月曜を除く毎日配送車が回送する。

⑤通信は上田ケーブルビジョンの光ファイバーを採用する。

⑥四市町の教育長・館長などからなる運営協議会、館長・係長、専門業者からなる幹事会と実務担当者会議を設置し円滑な運営を図るとともに、定期的な研修の機会とする。

⑦このネットワークの愛称を市民から募集し、参加図書館がお互いに協力し、響き合うようにエコーとライブラリーの頭文字との合成語「エコール」と命名した。

天の時

この広域的な図書館情報ネットワーク構想ができあがったころ、筆者は市長に説明、了解を得るため、市役所へ何回か朝駆けをしました。当時の竹下悦男市長は上田市の産業・教育の情報化・高度化支援に必須として上田市マルチメディア情報センターの建設に意欲的に取り組んでいたときだったので、筆者の提案にすぐに賛同してくれました。

また、この上田地域図書館情報ネットワーク構想は第三セクターであるテレコム・ユー支援策として時宜を得たものだったので、同社の役員だった上田市・丸子町・東部町・坂城町の首長からもこの計画は期待をもって迎えられました。四首長の賛同と後押しを受けて、教育委員会、企画や財政サイドの庁内合意は比較的スムースに進み、一九九五年度当初予算に四市町足並みをそろえて関係予算が計上されました。

こうして四市町はエコール稼働に向けて準備を加速させ、一九九五年十二月にスタートの運びとなったのです。このように、広域的な新規事業が検討を始めてわずか一年半ほどで実現に漕ぎ着けられたのは、まさに天の時だったと思います。

学校図書館などへの拡充、その後の発展

エコール利用はうなぎ登りに増加し、さらに拡充する気運が出てきたので、小・中学校図書館とのネットワーク化へ発展させました。

学校では読書や調べ学習の充実のために図書館がより重視されていますが、学校図書館の蔵書内容は読み物が圧倒的に多く、調べものに必要な資料はきわめて貧弱なのが実態です。そこで、公共図書館が学校の調べ学習の

授業や行事に必要な資料をバックアップするという趣旨のもと、エコール内での学校図書館とのネットワーク化を検討し、幸いにも文科省委嘱事業「社会教育施設情報化活性化推進事業」に採択されたので、一九九七年度から約一億五千万円の委託料によって学校図書館とのネットワーク化に乗り出しました。その後も文科省などの助成を受け、五、六年後にはすべての小・中学校図書館とのネットワーク化が実現しました。

また同時に長野大学図書館や塩田・川西の公民館図書室ともネットを結びました。

当初、このネットワークは四首長の協定書を根拠にして運営されていましたが、一九九八年からは上田地域広域連合の事務の一つに組み込まれました。

その後、真田町が公民館図書室のままエコールに参加し（合併後の二〇一〇年度に新図書館を建設しました）、二〇〇三年には青木村が新図書館を建設し、長和町も新公民館図書室を建設して前後してエコールに参加しました。その結果、上田地域の図書館はすべてエコール参加館となり、上田広域の図書館運営の基盤を担って今日に至っています。

二〇〇四年には二十歳に

しかし、エコールは必ずしも順風満帆に発展してきたわけではありません。例えば、二〇〇〇年から三年に及ぶ監査委員との攻防がありました。当時の代表監査委員はエコールを過剰サービスだと決めつけ、継続するなら有料化すべきだと迫っていました。

筆者は、図書館は本来、資料提供のためにまず近隣の広域的な相互協力、次に県域の相互貸借が必要であり、最終的には国立国会図書館がバックアップするシステム化されているものであると繰り返し説明しました。また、無料原則を規定する図書館法第十七条を盾に教育委員会も巻き込んで防戦しましたが、遂に二〇〇二年度の監査報告でエコールの廃止を含めて再検討すべきだという報告がなされました。

しかし、幸いにも市の理事者は、エコールは上田地域の大きな特色であり、広域圏の一体化、地域の学習・文

表1　2011年度エコール利用実績表

1　相互貸借数

		他館貸出数					
		上田	東御市	坂城町	青木村	長和町	合計
他館借入数	上田		8,907	4,276	2,417	1,303	16,903
	東御市	7,139		964	681	284	9,068
	坂城町	2,999	858		306	164	4,327
	青木村	2,100	501	270		80	2,951
	長和町	1,341	443	218	169		2,171
	合計	13,579	10,709	5,728	3,573	1,831	35,420
2010年度		13,055	9,923	5,887	3,826	1,978	34,669
2009年度		14,613	9,419	6,287	3,538	1,551	35,408

2　返却回送数

		他館送付数					
		上田	東御市	坂城町	青木村	長和町	合計
他館受取数	上田		18,262	6,774	5,843	2,248	33,127
	東御市	18,924		1,208	720	492	21,344
	坂城町	8,785	1,417		580	244	11,026
	青木村	6,385	906	531		189	8,011
	長和町	1,735	311	168	104		2,318
	合計	35,829	20,896	8,681	7,247	3,173	75,826
2010年度		35,785	20,947	7,874	6,985	3,226	74,817
2009年度		34,907	21,600	9,170	7,088	2,732	75,497

（出典：上田地域図書館情報ネットワーク連絡協議会報告資料）

化・教育に大きな役割を果たしている、と判断して、ことなきを得ました。

一九九五年にスタートしたエコールは、二〇一四年度に満二十周年を迎えます。いまや上田地域の図書館運営・サービスの基盤として定着していますが、今日に至るまでには多くの方々の思い、努力、継続の営みがありました。そのことを忘れずに、エコールのさらなる発展を念じたいと思います。

3　諏訪広域図書館情報ネットワーク・すわズラーについて　茅野充代

創設までの経緯

諏訪地方は、諏訪湖を中心とした岡谷市・下諏訪町・諏訪市、八ヶ岳を背にした茅野市・原村・富士見町の六市町村からなり、諏訪湖や高原、諏訪大社やたくさんの美術館・博物館などの観光資源を有した地域です。人口は全体で約二十万人で、端から端まで車で移動しても一時間半ほどの広さです。

そのため諏訪地域では早くから広域化の試みがなされ、一九八六年には、諏訪広域テレトピア計画を推進するにあたって諏訪広域総合情報センタ（第三セクター）が設立され、広域住民行政サービスを担っています。現在は諏訪広域連合が設立され、介護保険・消防が広域化されています。

そのような広域事業推進の流れのなかで、一九九一年に広域三役会で図書館のネットワーク化に関する研究推進が決定され、九三年にはネットワークシステムの導入が決定されました。当時の諏訪地域の図書館でコンピューター化されていたのは茅野市図書館だけで、ほかはまだブラウン方式、富士見町図書館は新館建設準備中（一九九四年開館）、原村図書館は新館建設計画中（一九九六年開館）という状況でした。

導入決定の要因として、茅野市以外の館では以前からコンピューター化が検討されていたこと、茅野市もリース期間が切れるために切り替えを検討していたこと、富士見町と原村の新館建設といういくつかの好条件が重なったこと、また、オフィスコンピューターからパソコン（パーソナルコンピューター）への移行時期だったためにコストも低下していたことなどがあげられます。

導入決定後、各図書館・諏訪広域総合情報センタの担当者、システム業者によるネットワーク会議が発足し、準備期間を経て、一九九五年四月から諏訪広域図書館情報ネットワーク・すわズラー（以下、すわズラーと略記）がスタートしました。

ネットワーク会議は現在も続いていて、年に五、六回の会議を開き、ネットワーク全般について問題点・改善点などを話し合い、調整を続けています。

システムについて

当初のシステムは、各館がサーバーをもち、さらに諏訪広域総合情報センタに統括するサーバーを置いて総合目録を管理する方式でした。書誌情報は共有しますが、利用者情報は各館でもち、利用者番号だけを諏訪広域総合情報センタでチェックするシステムです。これによって、利用者は諏訪広域内のすべての資料を一度に検索することができ、いずれかの市町村で発行されたカードですべての館を利用できるようになりました（利用者情報の共有はしていないので、初回はそれぞれの館で申し込みが必要）。

また、物流も一日一便で始まりました。これはもともと諏訪広域総合情報センタから市町村役場を毎日巡回していた配送ルートを応用して、午前中に役場、午後に図書館を回るようにしたものです。これによって相互貸借が日常的におこなわれるようになり、また、利用者は借りた本を別の館に返すことができるようになりました。

その後、リース期間終了に伴い、二〇〇〇年、〇五年、一一年と三度、システムをバージョンアップしました。〇〇年にはウェブサイトを開設し、インターネットからの検索・予約が可能になり、〇五年には携帯電話からの検索・予約が可能になりました。一一年には、いままで各館にあったサーバーを諏訪広域総合情報センタ内のサーバーに集中し、館域を割り振って共同利用することでコストダウンを図っています。

ネットワーク化による成果など

そもそもネットワーク化の主たる目的は、資料を共有し有効活用することでした。ネットワークによって、市民は蔵書数九十八万冊（二〇一一年度）の図書館を利用していることになります。自館貸出中でも、他館にあれば取り寄せて一日から二日で利用者に手渡すことができるので、利用者への提供スピードと本の回転率はたいへん上がっています。

その結果、貸出数も予約数も増加し、特にインターネットでの予約が可能になってからは年々増え続けていて、現在では日々の業務での予約対応に相当な時間を費やすようになりました。傾向として、町村図書館から利用者の多い市図書館へ本が流れることが多く、市図書館のほうがネットワークの恩恵をたくさん受けていると言えます（表2・3）。

また、一枚のカードで全部の図書館が利用できるようになったため、地元以外の図書館に出向く利用者も増えました。複数館を利用し、用途によって使い分ける利用者もいます。本も人も諏訪広域圏内で大いに動いているという状況です。

学校図書館とのネットワーク化

すわズラーがスタートしたころから、諏訪地方の小・中学校では学校図書館への職員の配置を徐々に始めていました。現在では、雇用形態や勤務時間、資格や呼び名は自治体ごとに違いますが、すべての学校図書館に職員が配置されています。

当初、ほとんどの学校図書館では、蔵書管理のコンピューター化はおこなわれていませんでしたが、諏訪市と茅野市は、文部科学省の「学校図書館資源共有型モデル地域事業」によって、二〇〇二年から各自治体内でのコンピューター化とネットワーク化を開始し、その後、原村、富士見町でも同じく開始しました。岡谷市・下諏訪

表2　貸出冊数の推移

	1994年	1995年	2000年	2005年	2011年	
岡谷市	207,000	219,000	263,000	328,000	358,725	
下諏訪町	51,000	79,000	62,000	307,000	286,470	2002年6月リニューアル
諏訪市	147,000	160,000	135,000	220,000	285,955	
茅野市	175,000	175,000	200,000	269,000	301,408	
原村	—	—	89,000	100,000	111,923	1996年8月オープン
富士見町	84,000	167,000	319,000	322,000	271,872	1994年11月オープン
合計	664,000	800,000	1,068,000	1,546,000	1,616,353	

（出典：日本図書館協会図書館調査事業委員会編『日本の図書館——統計と名簿』日本図書館協会、1995、96、2001、2006年版、「長野県公共図書館概況 平成二十四年度版」〔http://www.library.pref.nagano.jp/gaikyou.htm〕をもとに作成）

表3　予約数の推移

	1994年	1995年	2000年	2005年	2011年
岡谷市	1,902	2,700	3,798	7,600	13,307
下諏訪町	746	2,566	2,211	4,244	13,588
諏訪市	659	2,194	3,984	5,809	21,899
茅野市	1,889	2,530	4,843	14,500	20,859
原村	—	—	1,550	3,234	7,267
富士見町	65	569	7,922	14,224	18,924
合計	5,261	10,559	2,4308	49,611	95,844

（出典：同書と同ウェブサイトをもとに作成）

町ではネットワーク化はされていませんが、コンピューター化は実現しています。ネットワーク化によって学校から公共図書館への予約・借り受け、学校間の相互貸借ができるようになり、ネットワーク環境がないところでも、インターネットによる公共図書館への予約は可能になっています。

公共図書館も単館では利用者の要望に応えきれませんでしたが、学校図書館では図書資料要求はさらに切実で、ネットワークを始めてからは、本が大量に動くようになりました。

物流は、茅野市では市内の分館をめぐる便を拡大して週二回、諏訪市では図書館職員によって週一回おこなわれています。学習に必要な本を提供すると同時に、特に諏訪市では分館がないため、公共図書館から遠い地区の児童生徒の読書欲を満たすのにも役立っています。

今後の展望

ネットワークを開始して二十年目ですが、いまや、ネットワークなしの図書館運営は考えられない状況です。しかし、年々財政が厳しくなるなか、本当にネットワークは必要なのか問われることもあります。この厳しい時代だからこそ、誰もが無料で知りたいことを知り、学びたいことが学べる状況を維持することが必要ですし、そのためには、ネットワークがいかに有益であるかを常に発信し、多くの人に納得してもらわなければなりません。課題はたくさんありますが、幸いなことにネットワーク開始以来、六市町村全体で考え対応する体制があるので、これからも協力していきたいと思います。

（ちの・みつよ：諏訪市教育総務課）

4 南信州図書館ネットワークについて

宮下裕司

飯田市と下伊那郡の三町十村で構成される南信州地域は、南アルプスと中央アルプスに挟まれた伊那谷南部に位置し、大阪府や香川県よりも広い面積を有していますが、その大半は中山間地で、村のなかには人口が千人に満たない小規模な自治体もあります。また、公共図書館が設置されていない村も複数あります。

南信州図書館ネットワークは、この南信州地域の飯田市と松川町、高森町の図書館で、二〇一一年度から運用を開始した広域ネットワークです。飯田市立図書館には中央図書館、鼎図書館、上郷図書館の三つの図書館があり、これに松川町図書館と高森町立図書館を加えた一市二町五館で図書館ネットワークを構成しています。

ネットワーク化以前から、地域内の図書館同士で相互貸借がおこなわれていましたが、県立図書館による巡回配本などはなかったので、あまり盛んではありませんでした。それでも、各図書館のコンピューター化が一通り終わったころから、図書館現場のレベルでは、独自の広域ネットワーク検討を要望する声がありました。

定住自立圏構想による図書館ネットワーク

市町村が行政サービスを共同で運営する形としては広域連合がありますが、これとは別の新しい地域経営の枠組みとして定住自立圏構想が提唱されるようになり、二〇〇九年三月に飯田市が全国に先駆けて中心市宣言をおこなって、同年七月には圏域内の全町村と定住自立圏の形成に関する協定を締結しました。この定住自立圏構想とは、中心市と周辺町村が共有する行政課題やサービスなどについて協定を締結し、役割を分担したうえで、共同でその事業にあたるものです。

図書館の広域ネットワークを構築する際に、課題になるのが参加する自治体同士の合意形成です。その点で、全市町村の合意が必要な広域連合の事業と比べると、定住自立圏構想では、中心市と課題を共有する自治体との合意だけで特定の事業に取り組むことができます。

こうした社会情勢の変化のなか、二〇〇九年度には飯田下伊那図書館協会の取り組みとして、各市町村の図書館職員による飯田下伊那広域サービスプロジェクトが発足し、協議を進めることになりました。その結果、それぞれ事情が異なるすべての館を一斉にネットワーク化することは現実的ではなかったため、できるかぎり各館独自の運営が可能なものとなることを前提として、システムの更新時期を迎えた館から、順次ネットワークを結んでいくことが望ましいとの結論に至りました。

ネットワーク参加の呼びかけとシステム構築

二〇一〇年五月には、翌年度にコンピューターシステムの更新を控えていた飯田市から、図書館ネットワーク構築事業について下伊那郡の全町村へ提案するとともに、参加を呼びかけました。これに対して、ともにシステム更新の時期を迎えていた松川町、高森町の二町から参加の表明があり、正式にネットワーク化に関する協議を開始しました。

ネットワークにはあとからの参加も可能で、将来的には地域全体で利用できるものを目指して、一市二町の図書館職員と情報システム担当者で検討を重ねました。その結果、システム構築と並行して図書館ネットワークに関する定住自立圏形成協定と覚書が締結され、二〇一一年七月に南信州図書館ネットワークがスタートしたのです。

ネットワークのポイントは、図書館システムの端末やプリンターなど各館で使用するものについては自治体ごとの支払いとし、サーバーなど共有するものについては、飯田市が導入したうえで、二町が人口割りによる負担金を飯田市へ納める形をとっています。

また、書誌情報だけでなく利用者情報も共有するため、貸出カードの統一も検討されましたが、各館の独自性を保ち、従来のカードに南信州図書館ネットワークのロゴマークを加えて使用することにしました（図1）。貸出カードは自治体ごとに別のデザインですが、どのカードでもネットワーク内の図書館を利用することができます。

図1　南信州図書館ネットワークのロゴマーク

さらに、相互利用が可能になったため、これまで自治体ごとに異なっていた利用規定や運用で調整が必要な部分が生じました。貸出冊数の上限は飯田市（中央・鼎・上郷図書館の合計）十冊、松川町十冊、高森町三十冊とし、なおかつネットワーク全体での上限は合計三十冊までとしました。これは各自治体のそれまでのサービスを尊重したものですが、ネットワーク全体での上限があるので、飯田市で十冊、松川町で十冊借りた場合は、高森町で借りられる冊数も十冊までになります。

物流については、運用初年度は各図書館の職員が交代で週三回おこなっていましたが、二〇一二年度からは、システムを一括導入することで削減できた費用をあてて委託しています。

南信州図書館ネットワークのこれから

私たちの南信州図書館ネットワークは、補助金つきのモデル事業ではなく、地域の図書館員同士の交流から立ち上がってきた広域ネットワークと言えるでしょう。現在は一市二町によるものですが、引き続き地域内の図書館へネットワーク参加を呼びかけ、成長する有機体として、より充実した図書館サービスを目指していきたいと思っています。

（みやした・ゆうじ：飯田市立上郷図書館）

第５章　市民を支える図書館

１　貸出日本一を十四年間キープする富士見町図書館　平出裕一

公民館、博物館、図書館の三つの機能が一つになり、一九九四年十一月に完成したのが富士見町コミュニティプラザです。以来、生涯学習、社会教育の拠点として、町民を始め、近隣の市町村から毎日多くの方々が訪れ、一日をゆったりと過ごしくつろいでいます。

貸出数が多いのは、当然来館者が多いことを意味しますが、私たちが目指した図書館は、①居心地がいい図書館、②笑顔があふれる図書館、③さまざまなサービスが織り成す図書館、④情報あふれる図書館の四点に集約されます。それは旧来の本の貸出中心の図書館から、地域創造の拠点、情報の拠点、活性化の拠点へと、図書館のイメージを変えるエネルギーをもった活動でもありました。利用者に最も身近で親しまれる市町村立図書館の役割を具体化し、既存の概念にとらわれない、「生きている図書館」「躍動する図書館」として貸出数が伸びていきました。

居心地がいい図書館

居心地がいい図書館は、どんな図書館でしょうか。本を読む時間は、ある人にとっては生活のリズム、ある人

図1　新春地元書道ガールズ（高校生）の作品

にとっては心の充電時間として、ゆったりとした気持ちで時間を楽しみ、日常のわずらわしさを忘れる「ひととき」。そこにはさまざまな利用者のライフスタイルが見え隠れします。決められた空間では、通常個人の「わがまま」は認められませんが、できるかぎりその要望に応え、ゆったりとした時間を自分へのごほうびとして感じ取れる懐の深さをもった場所。具体的には、畳コーナーや畳コーナーへの大型こたつの設置、ゆったりとしたソファーとその前の窓の外には小鳥の餌箱、ガラス越しに見える甲斐駒ヶ岳、失敗しましたが、図書館テラスを利用したテラス読書など。大人には大人の空間、学生には学生の空間、親子連れには児童コーナーを設け、図書館敷地が細長いことから、それぞれのゾーニングをおこない、夜間開館による利用者枠の変化などにも対応して、ある程度の満足度を上げることができました。こたつで読書しながらうたた寝をする人、寝転んで本を見る子どもたち。平日の午前中は親子連れ、昼間は高齢者、夕方は生徒・学生、夜間開館は社会人などが主な利用者です。

わがままを受け入れる懐の深さは、利用者のモラルによるところも多いのですが、注意喚起を促す「張り紙での啓発」は避け、カウンターや本の整理中に声をかけ、コミュニケーションをとりながら協力を求めるようにしました。張り紙はいかにも安易で、それで事が解決するならばこれほど簡単なことはなく、職員の自己満足だったり、アリバイ的なものでしかありません。快適な利用には、視覚的にも余分な張り紙は極力減らすことが重要です。こちらから発信する情報は、コーナーを決めて「見やすい場所」より「見る場所」を限定し、そこに情報を集約しました。そこを見れば「ほしい情報がある」ことを利用者にアピールできれば、より利用者に伝わりやすくなって効果的です。情報の張り方もデザインをより重要視し、紙が黄ばんだり、一部はがれているなどは問題外です。

　暖炉設置の計画も試みましたが、残念ながらいまだに実施できていません。居住性を追求する思想をもった公共図書館は、市町村図書館がいちばんふさわしいと感じます。

笑顔あふれる図書館

　カウンターでの接客は、その図書館がかもしだす雰囲気そのものです。富士見町では、本を借りてもらって「ありがとう」、返却されて「ありがとう」が基本です。ある意味で、スーパーマーケットと同じ面をもっています。笑顔の接客が利用者の好感度をアップし、図書館運営に多くの面で協力を得られます。不明本を減らす努力も、こんなところから効果が出ると考えています。またそれは、リピーターの獲得につながり、利用したくなる気持ちをもたせます。カウンターでは、単に貸し借りの手続きではなく、利用者に声をかけたり、本の話題、あるときは世間話などをしますし、そこには利用者の声が詰まっています。年一回おこなうアンケートも重要で、日常的なやりとりから図書館に寄せる信頼を感じ取るいい機会になりました。また、カウンター担当の笑顔を添えた「こんにちは」の一言、レファレンスに一緒に悩む姿が利用者の信頼を獲得し、大人も子どももニコニコして本を借りて帰る姿を見て、職員もやりがいを感じています。

　残念なことに、図書館内での盗難事件もありました。高校生が昼食をとるために一時間ほど外出した折に、机にそのままMDプレーヤーを残しておいたところ、戻ったときにプレーヤーがなくなっていたのです。安心して利用できると評判の図書館でしたので、多くの利用者が訪れる公共の場所での盗難事件は非常に残念な出来事で

図2　親子でにぎわうおはなし会

した。しかし、即座に張り紙で注意を喚起するのではなく、配架に向かう職員の見回り回数を増やしたり、高校生たちに声をかけることで対応しました。幸いにも被害は広がらずに、落ち着いた図書館運営を取り戻すことができました。

さまざまなサービスが織り成す図書館

図書館で展開されるさまざまなサービスも、やはり貸出カウンターで利用者の声を把握し、町の行政課題を町民に広くアピールする場として発展しました。具体的事例は、「ぬいぐるみ」の貸出サービス、赤ちゃんカートの設置です。前者は、ディスプレーとして飾ってあった「ぬいぐるみ」が楽しくて手放せなくなった子どもに、それを一晩貸し出した職員の提案で実現されたサービスです。汚れの問題、貸出バーコードの縫い付けなど、職員間で多くの課題を話し合いました。衛生面では、食品などにも使われ、臭いがなく、体への影響がまったくない消毒スプレーを利用したり、定期的な日光消毒をするなど、さまざまな知恵をしぼりました。

赤ちゃんを乗せることができる買い物カートの設置は、全国的にも珍しい取り組みでした。近くのスーパーの店長に協力してもらい、同じものを購入して設置しました。当時、公共図書館で赤ちゃんカートがあったのはおそらく富士見町図書館だけで、赤ちゃんや幼児を連れた利用を促す格好のＰＲポイントになりました。これは、赤ちゃんを抱っこした若い母親が、雑誌を苦労してカウンターまで運んでいる姿を見た職員からの提案でした。それから若い母親の利用が増え、平日の午前中は若い母親と赤ちゃんでにぎわい、同世代の母親が友達になる絶好の機会になり、「図書館デビュー」の言葉もできたほどです。そこでの情報交換から保健師を招いたり、育児相談や子育てサークルが結成されたり、その後の保育園保護者会、ＰＴＡ活動へといい仲間関係が続いているようです。

情報あふれる図書館

本や雑誌、ＤＶＤなどの情報を提供することは基本ですが、それ以上に力を入れたのが、生きた情報、幅広い情報です。

漬物の本を借りた利用者の「本では味がわからない」という声に応えて、漬物フェアを開催しました。各家庭で毎日食べている野沢菜漬けの味比べコンテストです。コンテストの参加者は、普段図書館を訪れたことがないおばあちゃんや噂を聞いて参加した主婦など二十人ほどで、それぞれが毎日家で食べている野沢菜を持参し、図書館を訪れた方々に振る舞って好きな味に投票してもらいました。こうして富士見町漬物名人を選出し、その作り方や隠し味の部分をレシピとして、生きた情報を提供しました。自分独自の珍しい漬物の披露などで、会場は盛り上がりました。インターネットにはない情報です。

また、失業して無職になった利用者の要望で設置した求人コーナーもあります。ハローワークからの情報提供によるこのコーナーは、その情報を開館と同時に待つ方がいるほどの人気で、毎週更新する求人と無料の求人誌の配付など、生活に密着したものです。夏に別荘に滞在する利用者の声に応えた特産品やおみやげの現物展示では、町商工会の協力によって販売店まで明記し、各店舗に図書館の存在をアピールするいい機会になりました。

役場の予算書、決算書、各種スポーツ大会の記録、例規集、各課が作成する行動計画や審議会が作成した報告集などの行政情報コーナーも設置しました。できれば各学校の文集などもあればと思いましたが、実現はしませんでした。

人は石垣、人は城

これら四点を中心に図書館を展開してきましたが、こうした活動の原点は職員のモチベーションの確保とチームワークです。サービスは「人」を介して提供され、受け手ももちろん「人」です。個々の「人」はさまざまな価値観をもっているので、その状況に応じて同一のサービスが変化をもって提供されることが重要です。職員の専門性はそのあたりにあると思います。個々の利用者を前にし、瞬時にサービスを判断して提供する、間違いはコミュニケーションを重ねて解決していく――そうした姿勢を富士見町では職員に求めてきました。

なにげない会話からサービスが生まれ、そのサービスが、実は多くの利用者が「声には出さなかったが感じていたこと」だったケースがあります。こうした問題を解決する職員集団のチームワークが、まさに仕事のやりがいであり楽しさですし、そこにはまた、個々の職員の個性や情報収集能力があります。

運動会シーズン前の手作り弁当本の紹介や入園前に準備する手作りバッグなどは、個々の職員自身が抱えている問題点や悩みでもあったので、このコーナーは共感を得ました。それぞれの職員にスキルの差があるのは当然ですが、こうしたサービスを通じて共感を生んだ職員の発想が、その職員の自信になり力となります。日々のその差を埋めながら、サービスの質を上げていくことが重要です。

職員のチームワークは、年齢差や経験の差などもあって、自然にできていくものではありません。個々の職員の生活、抱えている問題などを解決し、十分に働くことができる環境を作ること、図書館の仕事のなかで何に向いているか、サービスがそうだったように、その職員に合った仕事内容を責任をもってやりとげること、仕事に達成感があること――こうした点を考えながら、個々の集団がチームワークをもって仕事に臨んだとき、力は何倍にもふくらみます。絵を描くのが得意な職員は啓発ポスター、ディスプレーが得意な職員は季節感を出す図書館内装飾など適材適所で、さまざまな仕事内容をみんなが認め合い、全体として取り組むことが重要です。お金

図3　おはなし会「はたらくのりものがやってくる」のひとコマ

がかからないサービス向上は、個々の努力とやりがい、感動ではないでしょうか。

情報の交差点から

一冊の本をいかに多くの方々に利用してもらうか、いかに生きた情報を提供するか、いかに図書館で楽しんでもらうか――こうした多くの課題をもって取り組んだ結果、貸出冊数が伸びました。しかし図書館の機能は貸出数に特化されるものではなく、さまざまな機能があることが重要です。とりわけ市町村図書館は市民の暮らしにもっと寄り添い、頼りにされ、図書館に行けば元気になる、図書館に行けば友達ができる、図書館はわが町の宝、と言われることがいちばん大切です。十年ほど前、成人者に向けたアンケートで、富士見町の自慢の一位に図書館があげられました。これは職員にとって、貸出数全国一位よりもうれしいニュースでした。

次代の富士見町を背負う成人者が、自信をもってふるさとの施設、地域の施設を自慢できることは、私たちが目指した四つのポイントが評価されている証しでした。現在は予算削減や人員削減など厳しい状況が続いていますが、町民や利用者のよりどころであることに変わりはなく、職員は日々努力を続けています。今日も富士見町図書館は笑顔にあふれています。

表1　富士見町図書館の年間1人当たりの貸出冊数

年	登録者数（人）	入館者数（人）	貸出者数（人）	総貸出冊数（冊）	人口1人あたりの貸出冊数
1994	4,221	90,345	28,145	84,478	5.5
1995	5,994	171,255	52,212	166,707	10.9
1996	7,825	194,980	53,349	202,378	13.1
1997	9,188	197,040	60,674	233,696	15.2
1998	10,885	230,414	73,772	281,041	18.2
1999	12,941	247,000	81,381	318,011	20.5
2000	12,428	239,596	73,553	324,772	20.7
2001	14,618	277,004	82,173	369,337	23.8
2002	18,508	269,916	79,590	364,528	22.8
2003	20,314	292,329	84,728	379,716	23.5
2004	21,768	264,522	78,513	357,897	22.8
2005	22,913	240,975	75,075	333,435	23
2006	25,732	230,007	71,090	327,060	20
2007	27,081	225,028	69,205	323,518	20
2008	28,611	221,420	69,951	336,695	22.5
2009	29,926	212,482	68,546	329,379	20.1
2010	31,235	200,192	61,525	293,660	18.2

（出典：日本図書館協会図書館調査事業委員会編『日本の図書館――統計と名簿』〔日本図書館協会〕の数年間の資料と長野県立図書館の資料から作成）

（ひらいで・ゆういち：前富士見町図書館司書、富士見町教育委員会総務学校教育係）

2　公募図書館長がプロデュースする伊那市立図書館　平賀研也

〝伊那谷の屋根のない博物館〟の〝屋根のある広場〟へ——地域の自然・環境・くらしに学び、「懐かしい未来」の生活文化を共創しよう

伊那図書館は、「〝伊那谷の屋根のない博物館〟の〝屋根のある広場〟」となることを目指しています。仲間と「共に」目の前に広がる「地域の自然、環境、くらしに学び」「懐かしくも新しい未来の生活文化を創造し世界に発信する」。そのための「知る」起点としての図書館事業のありようを、地域の人々と一緒にデザインしようと思うのです。

地域の図書館は、地域の情報のハブとして「情報と情報、情報と人、人と人をつなぎなおす」サポートを通じて、地域の人々の暮らしと社会のイノベーションに寄与できるはず。これまでのように、たくさんの情報を提供し、個々人が多くの知識を獲得する基盤を整えるだけでなく、これからは、見、聞き、触れ、関わりながら現実にはたらきかけることができる、〝実感〟を伴った「知」を獲得する場とプロセスを用意したいのです。

というのも、社会のパラダイムが大きく転換しようとしているいま、僕らは「なぜ」知り、「どのように」知ればいいのかを見失っているように思えるからです。それを取り戻す大きなチカラになるのが、地域の自然環境と暮らしに根ざした「知る」営みです。

そのような「知」をめぐる地域のムーヴメントとしての図書館像を、カタチにできないだろうかと考えます。地域の図書館は、それを担うのに最もふさわしい公共空間ではないでしょうか。

そんな公募図書館長の思い、発想、デザインするプログラムを、日々書き続けている「Facebook」の記事に寄せて紹介します。

伊那図書館のいま——公募図書館長のフェイスブックでのつぶやきから

①〝知る〟の価値を「見える化」する——図書館地域通貨と「ぶら・りぶら」

「ぶら・りぶら」は二〇〇九年から始めた本をめぐる催しで、本と人、人と人、図書館と人、まちのつながりを楽しもう、再発見しようというプログラムです。それらの関係をつなぎ、見えるカタチにするツールが図書館地域通貨「りぶら」。「りぶら」は除籍本の引換券、一棚古本市の割引券、商店街での買い物・飲食のクーポンとして使えます。

無料でもらえる除籍本は本当は地域のみんなの財産……。一棚古本市で使われる本棚は旧上伊那図書館で使われていたもの。八十年にわたって人々によって紡がれつづけてきた地域の「知」の象徴です。商店街の店先に置かれた書棚をめぐり、いつもは行くこともないまちの商店の人と言葉を交わし、買い物をする——そこで、このようないつもは当たり前に見過ごしていることに気づくのは楽しく、本をメディアとして人がつながり、何かが始まるきっかけになります。

「ぶら・りぶら」の始まりは「もったいない」でした。毎年何千冊と除籍される本、図書館を離れて第二の人生を与えられるとはいえ、当たり前に配布し、当たり前に持ち帰られます。「みんなの財産、もっと生かしてやれないだろうか?」との思いがありました。

図書館長に就任して感じたいちばん大きな違和感は、「サービスの受け手である利用者」と「サービス提供者である図書館」に分断された公共サービスのありようでした。「いつでも、どこでも、だれでも、もっとたくさん、もっと便利に」の公共図書館の姿は、私には「知の消費」にしか見えなかったのです。

しかしそんな図書館は、大衆消費社会がこの三十年ほどの間に作り出した形態にすぎません。いま一度、まちの人々が「共に」作る場としての公共図書館をみんなで手にしたいものです。そのために、本、情報、サービス、人々の思い、つながりやそれらの意味や価値を「見える化」する――これはいろいろなプログラムや場のデザインに際していつも考えていることです。

2012年11月17日
「ぶら・りぶら」本・人・まちとつながろう
伊那図書館の「ぶら・りぶら」今日・明日開催。
8,000冊の除籍本、11店の古本屋さん、26店舗の伊那まちのお店を図書館地域通貨「りぶら」がつなぎます!!
一日目、除籍本リサイクルは開館1時間前から行列。午前中だけで400人以上が「りぶら」と本を交換。
一棚古本市も大盛況。それぞれ個性派の古本店主には、なるほど、と思うお客さんが自然に寄っていく。三陸高田市図書館ゆめプロジェクトのバリューブックスは、誰も気づかなかった「古本で社会を変える」しくみをまざまざと見せてくれた。
あいにくの雨だが、伊那まちの街なか本棚の除籍本もずいぶん減った。いつもは歩かない商店街を本を探してそぞろ歩き。

②〝知る〟の基盤を「コモンズ」に
――伊那、電気と鉄道の百周年

日本の年間出版点数は、この五十年間で十倍にふくらんでいます。そして、この四半世紀で急速に展開したＩＴ革命によって、書籍を含め、あらゆる一般情報がデジタル化され、一年間に送り出されるデジタル情報は活字情報の六千倍以上とも言われています。

こうした変化は知識社会への流れを加速するようでしたが、人が情報を扱う能力、そして情報を自由に活用するための社会制度がその変化に追いついているとは言えません。電子書籍など新しいメディアの利用に

2012年5月12日
「伊那・電気と鉄道の百周年とデジタル・コモンズ展」開催です。
1階ギャラリーで1週間。そのあと閲覧室内レファレンス室に移し、今年いっぱい展示。
明治〜昭和35年の写真パネルや絵図などの実物資料、iPad アプリで古地図を旅する「伊那まちぶらり」、Facebook Page「伊那まち百年」で昔の写真を見、幻の唱歌「伊那まちめぐり」「上伊那地理歴史唱歌」のメロディを聞いて、デジタル地域情報の楽しさを体験してください。
明日、あさっては伊那市駅開業100周年セレモニー他があります。

関する、私的権利かパブリックドメイン(公共財)かのせめぎ合いは、図書館の足元を危うくもしています。公共図書館が提供できる情報の幅は狭まるばかりかもしれません。知る自由はどうなるのでしょう。

そんないま、地域の図書館の最大の強みは、よそでは手にできない地域情報のポータル(入り口)になれるということです。そのためには、本を中心にした情報資料だけでなく、地域のヒト・モノ・コトに関わるレフェラルサービスを可能にするデジタル情報が必要です。また、単に情報をアーカイブするにとどまらず、誰もがアクセスでき、自由に編集し、新たなコンテンツを創造できる地域知の共有地、デジタルコモンズとして地域情報基盤を整えたいものです。

伊那に電気鉄道が敷設され、電灯が灯ってから百年を迎えた二〇一二年。電気と電車の百年をテーマに、中心市街地の商店会、観光や社会教育を担う組織、そして参加する人々とともに、さまざまな「地域に学ぶ」プログラムを企画し実施しました。

なかでも図書館として重視したのは、写真の収集とデジタル化です。そしてこれを使った展示、ワークショップ、デジタルツール制作によって、デジタル情報の活用やデジタルコンテンツ制作の楽しさを感じてもらうことでした。

地元出身の学生と協働して写真収集、デジタル化した「伊那まち写真アーカイブ」、大正期の鉄道沿線案内図や戦前の市街地地図に写真を掲載した図書館発の携帯端末地図アプリ制作、収集した写真や情報資料をもとに百年前の電車の三分の二サイズ模型を制作し、子どもを乗せての夏祭り巡行——これらすべてのプログラムは参加型のワークショップとし、デジタルコモンズの可能性と活用の楽しさを伝えるものとしました。

そこでの情報と人、人と人の出会いは、さまざまな学びをもたらしました。街は経済活動の場だけでなく、働き、学ぶ場であり、街が地域の人を育ててきたことに気づいたこと。電気が通ってわずか百年。鉄道会社も電灯会社も地域の人々が創設し、電気を含めたエネルギーの自給自足が可能だった事実。これらは、過去を振り返りながら、今日私たちが直面する課題に対する大きな示唆になりました。

③“知る”のプロセスを「共創」の場に——「高遠ぶらり」街歩きワークショップ

「高遠ぶらり」とは携帯端末用のアプリケーションです。古地図や絵図の上にGPS（全地球測位システム）で現在地を表示し、いまの地図と切り替えて見ることができ、地域学習や観光のセルフガイドツールとなります。また、地図上には文章や写真、絵図などさまざまな情報が記事として埋め込まれています。携帯端末のデジタル古地図を見ながら現地を歩けば、まるでタイムスリップしたような錯覚に陥ります。

「高遠ぶらり」プロジェクトは、単にアプリやデジタルコンテンツを制作するのではなく、年二回掲載地図を増やすために、毎回三回の街歩きワークショップを開き、春と秋には観光客向けのウオークラリーも開催しています。図書館がプロジェクトオーナーですが、アプリの制作・更新やワークショップの展開は、参加者が自発的におこなう制作委員会方式で進めます。これに関わる図書館スタッフは私を含めて二人で、観光ガイド、郷土史家、デザイナー、システムエンジニア、高校生、学生、先生、行政マン、博物館や美術館スタッフ、他地域からの参

二〇一二年十月十三日
何もなさそうな街並みがそうでないことに気づく瞬間
「高遠ぶらり」アプリver.4完成ワークショップ。
何でもない、くすんだ多町・相生町の街並み、昔日のストーリーに景観が立ち上がる。
今回追加した、文久三年に町ができる前、居住計画、そして完成後の街並みの三枚の古地図を切り替えつつ、幕末の痕跡を探索する。自然の地形とくらしの関係をどう読み解くかがこの三枚のオモシロさ。
人工的な街並造営計画以前の道筋、水筋には地形に逆らわない暮らしの姿。土木技術で形成した幾何学的な町の形状にあらわれる無理。3・11以降の街の再計画に浮かび上がる、技術に依拠した街づくりの無理と重なる。
街歩き後、交流昼食会を古い町屋をお借りして開催。料理をいただきつつ老若男女交歓。

加者など、年齢も仕事も興味もさまざまな人が集まっています。そんな人々が街歩きをしながら語り、聞き、共に知るプロセスは、気づきと楽しさにあふれています。さらには、地域学習、学校教育や観光など、参加者それぞれが抱える課題を共有し、地域の課題としてともに企画し、行動する契機となっています。

図書館やプロジェクトとしては、「何を伝えるか」よりも、参加者が自分なりの発見や情報編集をし、さらには「共に知り、共に創る」ことができる場、空間をどうお膳立てするかを大事にしています。また、デジタル化した地域情報をもう一度リアルな現場に戻す工夫が、地域課題に取り組む「共創」の場を作り上げると考えています。そして、地域の人々それぞれが情報を収集し、編集し、表現して現実にはたらきかける力、すなわち「情報リテラシー」のエンパワーメントには、共に知り、共に創るプロセスが大事だと感じます。

この取り組みは、伊那だけでなく近隣市町村のさまざまな団体に注目され、協働の申し入れが相次いでいます。「伊那谷の屋根のない博物館」の

「屋根のある広場」を目指す僕たちにとって、願ってもないことです。

「知を消費する」から「知を育む」へ——図書館とは何か、原点に思いを馳せながら、新たな領域へ

地域の図書館の歴史を振り返ってみると、図書館は不変でいつもそこにあると思ったら大間違い。江戸末期、明治中期、大正デモクラシー期、敗戦後、高度成長末期と、実は二、三十年ごとに、社会の変化とともに、図書館は盛衰を繰り返しながら変質しているのです。そしてそのときどきに、図書館活動を担う人々が真摯に「図書館とは何か」を考え、情報のハブとしての図書館を持続してきました。

いま再び、「図書館とは何か」を考えなければならない時代を僕らは迎えています。〝情報〟の姿が、グーテンベルクの活字発明以来初めて大きく変わっているからです。これまでの転機以上に大きな変化は、「なぜ」知り、「どのように」知るかの変化なのです。

しかし、いまの図書館のなかにある能力、すなわち、本を選び、分類し、データベースを構築し、情報を探索する道筋を伝える能力だけでは、新たな領域に到達することはできません。図書館の外にその力を求めることが不可欠です。

図書館が、地域の自然環境と暮らしに根ざした「知るを楽しむ」場となり、真に「知る自由」をエンパワーした個人や集団の交流が地域の課題を共有し、その課題をめぐる知の探求と協働が人々の交流を生み、地域を創るのです。そのためには、図書館や情報の価値を「見える化」したり、「デジタルコモンズ」を構築したり、「共創の場」を作ったりしなければなりませんし、そこでは新たな「核となる能力」が必要です。それは、地域知を育む地域の人々の営みをプロデュースし、さまざまな情報をつなぐキュレーターとして「知を育む」能力です。それには、僕らが図書「館」から出て、人々とともに試行錯誤しながら、成功体験を通して獲得するのがいちばんです。

「知を消費する」から地域の人々とともに「知を育む」へ——これはいま図書館に身を置く僕らの責務であり、

またいまだからこそのワクワクするような楽しみです。

（ひらが・けんや：伊那市立伊那図書館館長）

3　障害者サービスが活発な長野図書館　増澤雅彦

障害者サービスの開始

一九八五年に開館した長野市立長野図書館では、「すべての人に図書館サービスを」という理念のもと、「図書館利用に障害のある方へのサービス」を目標に、開館から十年後の九五年七月から「障害者サービス」を始めました。このサービスは、図書館を利用するみなさんの強い要望と、協力への強い意欲に支えられてスタートしました。

サービスの対象者

「図書館利用に障害のある方」はさまざまですが、当館では、まず「視覚に障害があり活字資料を利用するのが困難な方」をサービスの対象者と位置づけました。一般の利用者同様、市内に居住する方と市内に通勤通学している方を対象としましたが、現在では、北信地域に居住する方まで広域に受け入れています。また障害者手帳の有無は問わないで、活字（墨字）資料が利用できないという状態を第一に考えています。

サービスを担う「図書館協力者」

障害者サービスを進めるにあたっては、図書館職員以外に、サービスを担う知識と技術を身につけた方々の協力が欠かせません。図書館ではその方々を「図書館協力者」と呼び、協力者の養成講座を開催し、一定の知識と技術を身につけてもらうようにしています。活字（墨字）の資料を点字に変換するのを「点訳」、音声化するのを「音訳」と言います。現在、当館には点訳者十三人、音訳者三十六人が登録しています。音訳者は二〇一二年十二月に養成講座を開催し、十四人が新しく登録したばかりで、一三年は新しい点訳者の養成も計画しています。受講後は当館の「点訳者」「音訳者」として登録し、以下に述べる具体的なサービスに関わってもらいます。また、図書館の業務の一端を担う立場なので、サービスに対してわずかながらですが謝金を支払っています。

注：「公共図書館での障害者サービス」や「図書館協力者」については、「公共図書館の障害者サービスにおける資料の変換に係わる図書館協力者導入のためのガイドライン――図書館と対面朗読者、点訳・音訳等の資料製作者との関係」（日本図書館協会〔障害者サービス委員会〕、二〇〇五年四月四日〔http://www.jla.or.jp/portals/0/html/lsh/guideline0504.html〕）に詳しいので、参考にしてください。

サービスの内容

①来館する方へのサービス

ⓐ対面朗読サービス

市民の図書館協力者で養成講座を修了した音訳者、または音訳担当司書が、対面朗読室で一対一で目の代わりになって資料を読むサービスです。一回二時間を区切りとして、休館日の火曜日を除く平日はほぼ毎日おこなわれ、年間約二百回に及びます。

②来館が困難な方へのサービス

視覚障害者は、外出するのに困難があり、図書館への来館がままならない方がほとんどです。そこで、以下のようなサービスに力を入れています。

ⓐ点字・録音図書（ＤＡＩＳＹ〔デイジー〕図書）の自館製作・郵送貸出

活字（墨字）の資料をそのままでは利用できない方に、点字図書・録音図書に変換して利用できる形にし、それを郵送貸出するサービスがあります。図書館は、郵便法に定められた「特定録音物等郵便発受施設指定」を受け、無料郵送貸出をおこなっています。貸出資料を郵送ケースに入れ、利用者の宛名カードで郵送します。点字図書・録音図書製作はすべて点訳者・音訳者のみなさんがおこなっています。

これらの製作は、地道な根気がいる作業の連続です。漢字の読みやアクセントの調査、点字入力または録音、その校正・編集など、何人もが協力して一冊の本ができあがるまで数カ月を要します。このサービスは、点訳・音訳者である図書館協力者の力によって成り立っています。製作する本は、リクエストされたものや、本の貸出傾向に合わせて選書したものです。できる範囲で、個人的な製作希望に応えるプライベート製作もおこなっています。

当館で蔵書として受け入れるものは、音訳・点訳とも年間五十から七十タイトルになります。点字図書は、パソコンソフトを使って入力し、データを点字プリンターでプリントアウトし、製本しています。また、視覚障害者の父母・祖父母が子どもたちに読み聞かせできるように、活字（墨字）の絵本に点字シールを貼り付けた点字付き絵本も製作しています。

録音図書は、従来のカセットテープへの録音・製作から、デジタル録音によるＣＤ製作へと変わりました。これをＤＡＩＳＹ（デイジー）図書と言います。デイジーとは、「アクセシブルな情報システム」の意味で、デジタル録音した音声データに本の見出し・ページの情報を入れて編集し、専用再生機で聞くものです。利用者は、見出しやページで好きなところに移動したり、しおりを付けたりするなど、活字（墨字）の本と同じように読書を楽しむことができるようになりました。また、ＣＤ一枚に約五十時間分のデータが書き込めるので、テープでは何十本にもなった長篇でも、一枚で操作できるようになりました。二〇一〇年に著作権法が改正され、いままでは著作権者の許諾が必要だった録音図書製作が、公共図書館でも自由にできるようになりました。

ⓑ点字・録音図書の相互貸借による郵送貸出

当館の蔵書だけでは、利用者の読書ニーズを満足させることはできません。公共図書館のサービスが始まるずっと以前から、視覚障害者への読書サービスをおこなってきた全国の点字図書館・情報提供施設の最新のネットワークが「サピエ図書館」(https://www.sapie.or.jp/) で、全国視覚障害者情報施設協会が運営するインターネット上の、五十万タイトル以上の点字・録音図書の蔵書貸出システムです。また、国立国会図書館の点字録音図書総合目録もあります。

これらを利用して、利用者のリクエストに応じて、その資料の所蔵館にネット上から申し込みをし、貸出ができます。また、長野図書館の蔵書も目録をアップしていて、他館からの貸出依頼に応じています。点字図書はデータのアップもおこなっています。現在では、点字本や録音CDの郵送貸出だけでなく、データの再生やダウンロードやコピーによって、利用者や施設が図書を利用できるように整備されています。

ⓒ当館所蔵のCD・カセットテープの郵送貸出

当館には、音楽・落語・語学などのCDやカセットテープが所蔵されています。来館しなくても、リクエストに応じて、郵送貸出ができます。

ⓓ電話によるレファレンス

来館して、カウンターで申し込むのと同様に、語句の意味や使われ方、またはある事柄についての詳しい情報などの調査依頼に電話で応えています。

注：当館のサービスの実態

二〇一一年度末のサービス実績の概要は以下のとおりです。登録者は九十四人、蔵書数はカセットテープ千百タイトル、デイジー三百七十七タイトル、点字七百二十タイトルです。貸出数は相互貸借も含めて、単行本延べ二千四百二十八タイトル（点字七百七十九、カセット百三十二、デイジー千五百十七）、雑誌延べ六百六タイトル（カセット六十六、デイジー五百四十）、貸出利用者は延べ二千八十七人です。また、音楽や落語などのＣＤの貸出数は、約二百タイトルあります。対面朗読は、百九十四回（三百八十八時間）です。

＊詳しくは、長野図書館ウェブサイトの「図書館概要」（http://library.nagano-ngn.ed.jp/gaiyou.html）をごらんください。

サービスを広めるためのＰＲ活動

①「声の魯桃桜《ろとうざくら》」の製作・発送

毎月一回、一日に届くように、「声の魯桃桜」を録音・製作して、カセットテープまたはデイジーで利用者に発送しています。内容は、図書館からのお知らせ（今月の話題、図書館の行事予定、休館日など）、新着の点字・録音図書の紹介、「サピエ図書館」で人気がある本、図書館だより「魯桃桜」と子ども読書ニュース「ふれあい」の内容全文、エッセイ、話題のサロン（利用者、音訳・点訳者、図書館職員がいろいろなメッセージを寄せる）などです。担当者を中心に音訳者のみなさんが製作し、現在では百二十五号を超えました。これが手元に届くと、利用者のみなさんから貸出のリクエストが多数寄せられます。各公共図書館はこうした「図書館報」を活字版で毎月発行していますが、同時に音声版を発行・郵送し、来館しなくても図書情報が得られるこのサービスは、まさに公共図書館ならではのものと言えるのではないでしょうか。

②点字・録音図書目録の製作

毎年一回「年間新着点字・録音図書目録」を活字（墨字）版・点字版・カセットテープ版・デイジー版で製作・発送しています。「声の魯桃桜」で紹介してきたものがまとめられていて、利用者のみなさんからまた新たに貸出のリクエストが寄せられます。

サービスに必要な環境整備と職員の業務

サービスの実施にあたっては、活字（墨字）の資料を使える形に変換・製作するための環境整備が必要です。現在、当館には拡大読書機二台、対面朗読室一室、「障害者ライブラリー」の専用室（なかに点字・録音図書書架、図書製作用機材、業務用パソコン、調査用参考図書あり）、録音図書用専用録音室六室などがあります。

職員は、担当係長一人、司書三人の計四人で障害者サービスを担当します。司書は音訳担当、点訳担当、CDなどの視聴覚資料担当に分かれています。

業務は、一般カウンターとは別の「障害者ライブラリー」の部屋でおこなっています。業務内容は、

ⓐ毎日の貸出・返却・「サピエ図書館」予約申し込み（オンラインリクエスト）
ⓑ図書製作補助・受け入れ（点字・録音図書の最終的な責任は図書館が負う）
ⓒ点訳者・音訳者の例会、勉強会の運営・準備・交渉など
ⓓ対面朗読日程調整と担当
ⓔ読みの調査（出版社・関係団体への問い合わせ）
ⓕ点訳者・音訳者の養成

などです。

担当を決めてそれぞれの専門性を生かすと同時に、貸出・返却などの業務は補い合って進める体制をとっています。

他団体（ボランティア団体など）との連携、協力

当館の開館以前から、長野県上田点字図書館を始め、長野県社会福祉協議会の録音図書ライブラリーなどが長野県内で視覚障害者への読書サービスを進めていました。そのほかにも、さまざまなグループが独自に点訳・音

訳の技術を学んで利用者のリクエストに応え、読書サービスをおこなってきました。長野市を例にすると、新聞記事や広報の音訳を始め、個々の利用者の依頼に応えて録音図書を製作してきた「やまびこ会」、さまざまな点訳の依頼に応える「点訳グループてんとう虫」「長野点訳花水木の会」などがあります。当館でも、点訳者・音訳者養成にあたっては、こうした経験と実績があるところから情報を得たり、講師を依頼したりして技術と経験を学んできました。

長野県上田点字図書館には、点字・録音図書製作の講師派遣や指導を依頼し、とりわけ録音図書のデイジー図書製作については一から指導してもらいました。

また当館は、長野県上田点字図書館の指導を受けて、そこに協力する形で録音図書データを寄贈している県内のデイジー図書製作グループの団体・デイジー信州に参加しています。ここには、デイジー長野（長野県社会福祉協議会）、デイジー長野市（長野市立長野図書館）、デイジー上田（長野県上田点字図書館）、デイジー松本（松本日赤奉仕団）、デイジー下諏訪（下諏訪町立図書館）、デイジー飯田（飯田市立中央図書館）の六グループが参加しています（注：（ ）は所属施設）。

すでに公共図書館に所属している団体も多く、デイジー上田と上田市立上田図書館、デイジー松本と松本市立中央図書館なども連携をしています。

他方、長野県社会福祉協議会の音訳グループには、音訳者への読みとデジタル録音技術の講師を依頼し、同会主催の研修会に参加しています。こうした研修会は、県立長野図書館でも定期的に開催されています。また、県内でデイジー図書製作用の機材を開発しているシナノケンシには、デイジー図書作成についての技術指導やサポートを依頼しています。

さらに、全国組織の日本図書館協会が障害者サービスの発展のために、二十四時間テレビチャリティー委員会による障害者サービス用機器の公共図書館への寄贈事業を進め、長野図書館にも点字・録音図書製作に必要な機器が寄贈されました。このほかに、当館は全国音訳ボランティアネットワークの会員となり、全国的な音訳の様子を把握したり、全国視覚障害者情報提供施設協会（全視情協）の点訳・音訳指導者講習会や「サピエ図書館」の研修会に参加したりして、情報を共有し、スキルアップに努めています。これによって障害者サービスの質の向上を図ることができるので、協力や連携の大切さを強く感じています。

点訳・音訳者からは「墨字の本を利用できない方のお役に立ちたい」という言葉をよく耳にしますし、みなさんは「そのためにもっと学びたい」「技術を高めたい」という意欲にあふれています。ここでふれてきたどの団体でも、これは同じでしょう。その強い思いが、地道な作業を積み重ねる活動を支えているのです。「図書館に所属している」ことで活動を安心して続けられる」という声も聞かれます。それに応えられるように、これからも最新の情報を逃さないようにして、サービスの向上に生かしていきたいと思っています。

今後の課題と公共図書館の障害者サービスの発展

今後の障害者サービスでは、利用者の拡大とそれに伴う新しい資料形態への対応が求められます。著作権法の改正を受け、視覚障害者にかぎらず「活字を読むのが困難な」利用者に対する録音資料の提供が可能になり、障害者サービスのさらなる広がりが求められています。

また、「障害者サービスをどう拡大していくか」という課題があります。公共図書館の障害者サービスを知らせる機会を増やすとともに、利用者の声を聞いてサービスの改善点を考えていかなければなりません。また、協力と連携によって、障害者サービスをおこなう公共図書館を増やしていく必要があります。県内でネットワークを作り、情報交換や交流を進めていくことができれば、サービスの拡大に大きな成果が期待できるのではないでしょうか。微力ながら当館も、これまでの経験と実績から、障害者サービスに取り組もうとする公共図書館をできるかぎり支援したいと思います。館の実態や地域性を分析して、多くの力を借りながら、障害者サービスを進める公共図書館が増えることを願ってやみません。

（ますざわ・まさひこ：長野市立長野図書館）

4　信州大学医学部附属病院に患者図書館が開館　有井洋子

二〇〇七年七月、公共図書館ＯＢと現職の図書館職員有志が信州大学医学部附属病院小児科で月一回お話の会でボランティア活動をしているなかの一人に、「二〇〇九年五月七日にオープンする新外来棟に病院患者図書室を開設したいので図書館について教えてほしい」との依頼がありました。

担当部門である医療福祉支援センターは、医師二人、看護師と社会福祉士合わせて五、六人の医療専門職員の部署であり、図書館についての知識は少ないと思われました。新外来棟の北東五十平方メートルの図面だけしかない白紙状態の話し合いがスタートしました。初めての話し合いのあと、持ち帰った内容をボランティアメンバーや図書館職員の一部の人に説明すると、一様に「病気のため図書館に来ることができない人たちのために必要な施設だ」と賛同されました。

しかし、信州大学の説明は「面積五十平方メートル。資料収集予算は見込めない。人件費も見込めず、ボランティアによる図書館サービスはできないか？」と納得ができない内容でした。「大学図書館である信州大学医学部附属図書館の分館としての開設は無理」とすでに検討ずみで、ほかの方法を模索しながら、全国の病院患者図書室の視察・研修を重ねていました。

松本市立図書館の分館の概要を説明するなかで、松本市の分館の十分の一以下の面積五十平方メートルと小規模ではあるが松本市の分館にできないか、と数回の話し合いを重ねるなかで方向が定まり、法的に可能かどうかを行政（松本市）と国立大学法人との関係法令確認のため市関係部署に相談して、問題なしと回答をもらいました。日本図書館協会にも問い合わせたところ、「公共図書館と大学の図書館業務連携の前例はなく全国で初めて」との回答があり、この状況をふまえて、松本市立中央図書館と信州大学医学部附属病院との連携、分館について協議が始まりました。

中央図書館の一部の職員の後押しもあり、二〇〇八年一月に信州大学医学部附属病院長から松本市長に松本市立図書館分館設置に関する陳情が出され、新規事業として受け入れられました。二月から業務連携に関わる協議が開始され、協議を重ねた結果、〇九年三月二十三日、松本市と信州大学医学部附属病院は業務連携の協定に調印しました。

全国で初めてという市立図書館の分館機能をもち、外来診療日の平日に外来患者や入院患者、付き添い者、職員が自由に利用できる病院患者図書室としてオープンすることになりました。

愛称を公募し、六十点の応募のなかから、信州大学の紋章であり、長年、信州大学の学生寮であるこまくさ寮としても親しまれ使われてきた「高山植物の女王」と呼ばれるかわいい花のこまくさが選ばれ、愛称こまくさ図書室の開設に向けての準備が進められます。

その内容は、広さは約五十平方メートルで、松本市の図書館ネットワークに結ばれ、松本市の図書館カードで病院図書室所蔵約千冊と松本市の団体本約三千冊の貸出、返却、予約だけではなく、松本市の分館を含むネットワークシステム全体の資料約百万冊の利用ができます。職員配置は、信州大学で新規に非常勤事務職員の司書二人（四時間×二人）を雇用し、松本市が人件費の二分の一を負担します。個人情報保護条例への対応は契約書と協定書で規定し、本の物流のための交換便の運行経費も両者で二分します。図書業務に関わる経費は半分ですむというメリットがあります。

業務連携後、『病院患者図書館――患者・市民に教育・文化・医療情報を提供』（出版ニュース社、二〇〇一年）を出版した菊池佑が会長を務めている日本病院患者図書館協会が主催する患者図書館司書養成講座がおこなわれ、国立国会図書館職員を始め、東京大学、京都大学、そのほかの私大医学部図書館職員、県立・市立図書館の職員が館種を超えて、医学の基本的知識や医学文献情報や病院患者図書館について学習し、開設に向けて準備している大学病院職員を知りました。大学と市との業務連携のいきさつや詳細を説明しましたが、なかなか同じシステムの開館に続かず残念に思います。

松本市と大学病院との業務連携ができたことによって、新規に図書館分館建設のための予算や事業計画に伴う費用や時間が大きく軽減できました。その理由は、松本市の「いつでも」「どこでも」「だれでも」「なんでも」と市民が誰でも利用できる図書館をモットーに八館の分館があり、広域町村波田町と図書館ネットワークで結ばれていたことが、建設、運営準備をスムーズに進められ、経費も大きく軽減できました。長年の分館建設の経験と実績が生かされたと言えます。

当初、公共図書館としても、こまくさ図書室のオープンによって病気などで図書館に来ることができない人（入院患者や外来通院者）の利用が可能になり、加えていままで公共図書館で不勉強だったり知識不足だったりする医療関係資料の選書などに専門家（医師、看護師、社会福祉士）の協力が得られるのではと期待をしましたが、まだ、医療専門家との窓口は開かれていません。「資料」についても業務連携のなかに資料予算を計上していなかったことで、新刊本や話題の資料の提供が予約だけでしかできない点やオープン当初の新しい図書室に古い資料を並べるなど残念な点が数々ありました。

入院・来院患者さんにとって、図書室の存在は、病気になってはじめて図書館を利用するという人も少なくなく、パジャマ姿のまま、医学関係資料だけでなく、インターネットの無料利用や癒やし系の本や話題の本を借りたりして、癒やし・安らぎの場所としても利用されています。

病院患者図書室として充実していくサービスの展開の一つとして、現在、小児科病棟限定で月二回、ワゴンサービス・移動図書サービスを実施しています。入院していて図書室に来ることができない子どもたちに病室へブックカート二台に絵本、児童書を載せ、図書室司書一人、医療福祉支援センター看護師一人、ボランティア二人で、資料は伊藤忠財団・子ども文庫助成事業からボランティアが寄贈を受けた物と、それに加えて信州大学が購入した本を信州大学医学部附属病院が開発したポータブルパソコンシステムを使って子どもたちが自分で本を選ぶ楽しさを経験できる機会を提供しています。これは松本市の図書カードは使用せず、信州大学独自の図書サービス展開です。松本市立図書館のバックアップがないのは図書館ＯＢとしてはとても残念であり、今後の課題の一つです。

開設四年目を迎え、利用増に伴って、スペースも八十五平方メートルに増床し、書架や資料の増加、閲覧机と椅子の配置を変えるなど信州大学側の改善が見られるなかで、松本市立図書館との新しい展開は見られません。

それぞれの利用者にとって、満足がいく図書館サービスの展開は公共図書館だけでは望めません。特に、病院という施設のなかでは、広いスペースの確保は難しく、狭いスペースと少ない資料での図書コーナーが置かれている病院が多数あります。書架も煩雑で整理されていません。解決策の一つとして、まずは市町村の公共図書館に相談し、分館に準じる施設として連携できれば、図書室を必要としている入院・外来患者にとって快適な病院として、公共図書館にとっても図書館に来ることができない人へのサービスが展開できます。

館種を超えた図書館運営が利用者の満足できる図書館サービスの展開になった例として紹介しましたが、数々の課題についての理解を得ながら、指定管理者でなく直営での公共図書館分館建設に努力してほしいと考えています。

（ありい・ようこ：信州大学医学部附属病院ボランティア）

5　小さな村に図書館を——自立（律）の村・下條村立図書館の挑戦　近藤明子

下條村の紹介

下條村は、一八八九年に睦沢村と陽皐村が合併して成立し、以後百二十二年間、単独村として現在に至っています。長野県の最南端、下伊那郡のほぼ中央に位置し、飯田市街からは時間距離で約二十分、二〇〇八年四月に三遠南信自動車道天竜峡インターが供用開始され、同インターから六、七分で来村できるようになりました。

全体面積は三十七・六六平方キロメートル、山林面積は約七〇パーセント、標高三百三十二メートルから八百二十八メートルの間に三十四の集落が散在しています。人口は、戦後復興時には六千四百人を超えていましたが、二十年前には三千九百人以下に落ち込みました。しかし二〇〇五年には四千二百人を超え、ここ数年は四千百人前後で推移しています。「結婚する若者」や「子どもがいる」ことを入居条件にした格安の若者定住促進住宅や、高校卒業までの医療費無料化などの少子化対策によって、合計特殊出生率は二・〇四人（二〇〇三―〇七年度村試算）、十四歳までの人口が全人口の一六パーセント（二〇一二年）を占める、県下で最も子ども（人口割合）が多い自治体となりました。「平成の大合併」にも迎合せず、単独村として自立（律）の道を歩み、実質公債比率（自治体の財政健全度を示す財政指標）はマイナス三・五パーセント（二〇一二年度全国四位）など、全国的にも健全財政自治体として注目され、多くの視察者が訪れています。下條村が全国から注目されるようになったのは、現在六期目を務める伊藤喜平村長による村政の改革によるものです。

「村に図書館を！」

伊藤村政の始まりは一九九二年です。選挙公約で「若者定住」を打ち出した村長の、就任後初の大事業が、地域総合整備債による「森と文化のシンフォニーゾーン」の建設です。生涯学習が盛んに叫ばれた当時、「村に図書館を」の声は、村内全戸に向けた生涯学習アンケートの回答に最も多いものでした。そこで九三年を村の文化元年と位置づけ、建設委員九人と理事者・担当者らが会議や視察を重ね、「若者の館」（若者が好きなように使える施設）と「図書館・アートギャラリー」の建設を計画し、九四年には施工されました。図書館建設検討のさなかに、「下條村の図書館がきちんと機能できる図書館になるかどうか」の重要な鍵がいくつかありました。つまり、村内どこからも車で五分以内に来られる村の中心部に図書館をつくること（立地条件）、図書館を複合施設（アートギャラリー・会議室・教育委員会併設）とし、魅力ある文化施設とすること（施設の充実）、図書館の専門性を見極め、きちんと機能する本格的な図書館をつくるために経験ある司書を正規職員として採用すること（職員の確保）です。こうしたポイントをきっちり押さえ、飯田下伊那や県内外の先進図書館から得た情報を確実に生かし実行したことは、大きな道しるべとなりました。図書館建設後も、村では数多くの観光施設、インドアスポーツセンター、医療福祉保健総合センター、農産物加工施設、文化芸能ホールなどの建設を進める一方で、格安の分譲住宅地を五十五区画売り出して、人口を増やしていきました。

図書館ができたころ

司書として筆者が採用されたのは一九九四年十月です。図書館の建設段階から、館内配置などをイメージしながら着々と準備を進めることができました。しかし、山間部の小さな村に公共図書館がきちんと機能するまでには、多くの意識改革が必要でした。近隣図書館では当たり前のようにおこなわれていることでも、ここではまだ認識される土壌がないのです。勤務体制・運営体制という要の部分で「職員は一人で十分」「棚に本が並べば資料費は必要ない」などの声が飛び込んできました。図書館運営の根本部分、地面の下の土をなんとか耕し、図書館という生命体の種をまいて芽を出させなければ――それが筆者に課された任務であり、司書の存在意義なのです。図書館がきちんと機能するには、職員、勤務体制、資料費の確保、図書購入の流れ……この基本が確立しなければ、ものごとは始まっていきません。すべての村民が文化に興味をもっているわけではないので仕方がないことですが、残念ながら関係者の多くは図書館に理解があるとは言えません。開館前から現在に至るまで、そのつど、いろんな局面で現場の状況を伝えて理解を求め、一つひとつ利用者の期待に応えられるように努めるのが、司書の仕事でもあるのです。

一九九五年三月には施設の愛称を全村に募集し、「あしたむらんど下條」という名前が選ばれました。この名前には「明日に向かってこの地が広がっていくように」という意味、願いが込められています。同年四月、念願の嘱託職員（常勤）一人が配置され、九五年七月七日、図書館オープンにこぎつけました。開館当初、大勢の村民や村外の利用者が駆けつけ、この勢いによって初年度利用統計で人口一人当たり貸出冊数が県下一位となり、話題を呼びました。しかしそれに甘んじることなく、「図書館という有機体に、利用者の思いを一つひとつそそぎ込み、中身を少しずつ形成していく」というのが私たちの考え方でした。公共図書館としてほかに引けをとらないよう、初年度からおたのしみ会やおはなし会、「としょかんだより」の発行などをおこない、要望に沿った資料を収集し、利用者の期待に確実に応えていくという基本方針のもと、図書館運営の足場を少しずつ固めていきました。「利用者が多い」こと、「実績をあげた」ことで、多くの人が図書館の存在を認識してくれたのは幸運でした。

使われる図書館をつくる

多くの考え方があるなかで、私が経験を通して思うのは「住民のニーズによってつくられた図書館は、住民のニーズによって育てられる」ということであり、それを「機能させるのは司書である」ということです。「本を読みたい。図書館がほしい」という住民の思いがあってつくられた図書館ですから、主役は常に住民や利用者であり、司書の役割は「住民に使われる図書館」をどのようにしてつくるかということです。住民にとって魅力的な資料や情報を常に収集・提供し、使いやすく飽きさせない工夫をし、なるべく多くのニーズにふれられるよう間口を広く敷居を低くし、常に住民とつながっていること――これが「図書館のよさ」であり、図書館こそが資料を媒介とし、住民サービス・行政サービスの最も理想とされる姿を日々実践できる場ではないかと思うのです。

日々の利用のすがた

開館当初、二万四千冊だった蔵書も、二〇一二年には八万冊を超えました。登録者は約六千人（うち児童二二パーセント）で、村外の利用者は、飯田市・阿南町・泰阜村で登録者全体の二五パーセントを占めています。年間の貸出冊数は、総数で平均約六万九千冊、個人貸出は平均約六万二千冊で十七年間推移しており、年間の人口一人当たり貸出冊数（個人）は平均十五冊です。これは一九九七年度まで県下一位で、九八年度からは二位になりました。一日に約七十五人の利用者が、約二百五十冊の資料を利用しています。平日は少なめで、土日は平日の二倍以上の利用があります。団体貸出の利用が多く、年間一万冊以上です。予約・リクエストの件数は、それぞれ年間約千二百件ほどになります。

カウンターでは常連の利用者たちが、自分のこと、読んだ本のこと、子ども、農業、料理、健康のことなどをゆっくりと語っていきます。村の図書館では、利用者の顔や個性を覚え、その人に沿った型どおりでない対応がいちばん大事ではないかと思います。リクエストや予約を出しやすい雰囲気づくり、そして利用者の個性に沿ってリクエストや予約を薦めていく仕掛けも自然と定着しています。また、小・中学生にとって親も先生もいない図書館は、一息つけて職員に本音をこぼせる癒しの場にもなっているようです。不登校になった子どもは、図書館にまず出かけることから始まり、徐々に回復して学校に行くことができるようになる場合があります。自分から熱心に話しかけてくるわけではない子どもたちも、図書館にきて人とのつながりを求めているのです。

図書館を育ててくれる人たち

①郵便局での貸出　POSTミニ図書館

「図書館の本を郵便局で貸出させてもらえませんか?」。ある日、局長が声をかけてくれました。それ以来、図書館の本を常時郵便局に二百冊並べ（毎月百冊入れ替え）、局員が貸出をしてくれています。一九九九年度から十四年間続いていて、年間五百冊から千冊の貸出があります。同じように「いきいきらんど下條」という村の保健福祉センターでも四百冊の棚を設け、年間二百冊ほどの貸出がされています。主な利用者は図書館へ出てこられない高齢者のみなさん、健診に訪れた親子、学校帰りの子どもたちです。村に一つの図書館は、分館的な役割を担ってくださる方々に、ずっと支えられています。

②小学生図書館ボランティア

小学生の図書館ボランティアが二〇〇二年度に誕生しました。学校週休二日制が始まり、土曜日の子どもたちの受け皿をと（社会教育活動の一環として）、図書館での活動も枠を設け募集をかけたのです。下條村の小・中学校には司書がおらず、一九九九年度から村の図書館司書が小学校へ読み聞かせに出向いていました（現在も年に二回、学年ごとに実施）。これに影響されてか、「読み聞かせをやってみたい」という三年生の男子が現れました。毎週土曜日十時から練習をし、十時三十分におはなし会本番、終わったあとは図書館の仕事を手伝っています。これまで二十四人の子どもたちが入会し、図書館で力を発揮してくれました。なかには人形劇やペープサートなどを制作し、おたのしみ会を上演した子どもたちもいます。子どもの素直な気持ちは、もっと小さな子どもたちにダイレクトに伝わっているようです。お兄さん・お姉さんの読み聞かせを聞いていた子どもたちが、三年生になるとボランティアに入会してきます。彼らが研修期間を経て生き生きとした読み手となるとき、子どもたちの自信に満ちた誇らしげな表情は輝きを放ち、いつも大人の私たちを励ましてくれるのです。この小学生図書館ボランティアは、二〇一二年で十年目を迎えて話題になりましたが、子どもたちのやりたいという気持ちがあるかぎり、地道に続けていきたい大切な事業です。

③「としょかんだより」

「としょかんだより」（利用者紹介、イベント案内、館内コーナー紹介、新刊情報など）は、図書館の新鮮な情報を村民に届けるため、開館年の秋から隔月で発行してきました。A３判の色紙の両面に四ページ二つ折りの体裁で制作・印刷し、全戸に配布しています。二〇一二年九月には百号発行の運びとなり、「としょかんだより百号記念展」をロビーで開催しました。一号から百号までの展示とともに、これまで紹介してきた巻頭の人気コーナー「としょかん大好き家族」に登場した八十三家族の写真も一挙公開しました。個人情報に気を使うご時世ですが、「としょかん大好き家族」にはみなさん快く登場してくださり、現在も続いています。十七年分の家族の写真を並べてみると、その瞬間の笑顔が宝物のように輝いていて、話をしてくださったときどきのことを思い出しながら、温かさと優しい気持ちに包まれるのです。

④ふるさと民話たんけん／ふるさと歌舞伎たんけん

当館では毎年、年間十回のおたのしみ会を実施しています。二〇一一年度と一二年度に、図書館としては異例の「外へ出かけていくおたのしみ会」を開催しました。一〇年度に『下條村の民話と伝説』（『下條村の民話と伝説』編集委員会編、下條史学会、二〇一一年）が村史学会によって刊行され、一一年度には『下條歌舞伎保存会設立四十周年記念誌』（二〇一二年）が下條歌舞伎保存会によって刊行されました。郷土資料が刊行されたのは図書館としてうれしいことでしたので、それを記念してそれぞれの歴史を伝える場所を訪ね、地域の方から話を聞くという「ふるさと民話たんけん」「ふるさと歌舞伎たんけん」を夏休みに開催し、どちらも話題を呼びました。貸出につながるおたのしみ会ではありませんが、地域を知り人を知る機会となり、また両刊行物への執筆協力などで村の民間団体との協力体制や信頼関係を築くことができたのは、何にもかえがたい経験でした。脈々と続いてきた村の人々の暮らしや思いを伝え、伝統文化を守り残すことは、図書館の一つの使命でもあると思うのです。

本と人　人と人　人と図書館

図書館は、本を集め、貸すところ。では、人は本を借りにくるだけなのでしょうか。人は生きるために物語を求めます。本を読む人の多くは物語に癒やされ、勇気をもらい、明日への力を紡いでいきます。生きる力をくれる物語——それは共感であり感動ではないでしょうか。人は本を求め、人との出会いをも求めているのです。

十七年前、荒地にまいた小さな種は、踏まれても踏まれても空へ伸びようと芽を出したのです。そこで、大勢の温かい利用者、住民のみなさんに愛され使われて、図書館は育つことができました。そしていまも成長を続けながら、人を育て、育てられているのです。

6 「図書館のあるまち。だからだいすき。」――松本市分館づくりの考え方と整備の道 手塚英男

（こんどう・あきこ：下條村立図書館司書）

「図書館のあるまち。だからだいすき。」

パンフレット「松本市の図書館 ご利用のごあんない」の表紙には、こんなコピーがおどっています。

二〇一三年現在、松本市には、中央図書館のほかに、十館の分館が設置されています。松本は、地域のあちこちに図書館分館がある町です。

信州のほかの市と同様、松本市も市街地のやや北寄りに市立図書館が一館だけという時代が長く続きました。図書館は、市民がいつでも利用できる身近な施設ではなく、交通費と時間をかけて遠くから通う施設でした。大都市近郊から始まった「いつでも どこでも だれでも なんでも」を基本理念にした新しい図書館づくりの波は、まだ信州に及んできていませんでした。

身近な分館づくりへ向けて

地域と市民のなかに、身近な分館づくりの要望や住民運動が芽生えてきたのは、一九七〇年代中頃からです。そのきっかけになったのは、身近な地区への公民館整備の動きでした。

「昭和の大合併」で一市十四村が合併して人口二十万人になった松本市には、旧村を単位にした「地区」ごとに身近な市立の地区公民館が設置され、生涯学習のよりどころになっていました。

ところが松本市が策定した一九七一年の第一次基本計画では、いまどき旧村にこだわる時代ではないとして、旧村を単位とした十四地区を六つのコミュニティーブロックに再編し、地区公民館も統廃合してコミュニティー

センターにする計画が策定されました。「身近な地区と公民館がなくなってしまう！」。地区住民と公民館職員のなかから反対の声が盛り上がりました。十年間にわたる論議の結果、松本市は「地区」を基本的な住民のコミュニティー（行政の単位）とし、地区公民館、スポーツ施設、児童館、福祉施設など「地区公共施設」を整備していく方針になりました（一九八一年度第三次基本計画）。「図書館だって地域に必要な公共施設だ」。市民のなかから、身近な図書館分館整備の要望や運動が強まりました。「松本市の図書館を語る会」や子ども文庫連絡会が中心になり、署名を集めたり、市長や教育長や市議会に陳情を重ねました。運動が行政を動かしました。そしてとりあえず、一九七九年新設の「あがたの森公民館」（旧制松本高等学校の木造校舎を保存・活用した施設）との複合施設として「あがたの森図書館」が、続いて八四年新設の西部公民館と併設された「西部図書館」（最初は準分館）など二つの分館がオープンしました。

住民運動から生まれた分館二館整備は、ほかの地区の住民運動にも波及しました。市全域に分館整備をどう進めたらいいのか、市民のなかでも行政のなかでも議論が始まりました。

分館とは——松本市の分館定義

図書館のなかでまず論議されたのは、「そもそも分館とは何か」ということです。ただ看板を掲げれば分館なのではなく、ある条件を満たしてこそ分館だという議論です。

そこで定められたのが、松本市独自の「分館定義」（表1）です。

表1　松本市の分館定義

(1) 機能　①貸出中心　②予約　③簡単なレファレンス
(2) 条件　①地域配置基準（＊1）　②施設（＊2）　③資料（＊3）　④事業（＊4）　⑤予算（＊5）　⑥開館（土日をふくめ常時全日開館）　⑦職員（＊6）　⑧ネットワーク（コンピューターオンライン　分館配送メール）
(3) 設置・組織（図書館条例・教育委員会規則などで規定） ＊1、地域配置基準　国勢調査における「人口集中地区」（人口密度4,000人以上の地域が隣接し、5,000人以上の人口がある地域）に歩いて1.5キロの距離に配置（ほぼ2地区に1館の配置） ＊2、施設　開架室　作業室　集会室――原則として地区公民館と併設 ＊3、資料　図書（一般　児童）　参考資料　逐次刊行物など2〜7万冊 ＊4、事業　講演会　講座　おはなしの会　クリスマス会など ＊5、予算　分館独自に予算化（資料購入費　事業費など） ＊6、職員　分館長　司書など

表２　松本市の分館整備の道
開設年月　分館名　面積（平方メートル）　併設施設　2012年度末の蔵書冊数（冊）　前掲「松本市の図書館　ご利用のごあんない」に掲載された館の一口紹介

①1979年10月	あがたの森　198　あがたの森文化会館　24,190　ヒマラヤ杉とけやきの森に囲まれた木造校舎（重要文化財・旧制松本高校）
②1984年６月	西部（分館昇格は90年4月）　246　西部公民館　33,533　風見鶏の見守る中、子どもたちの元気な声がひびく
③1990年５月	南部　531　南部公民館・勤労青少年ホーム　68,158　カリヨンがひびく「なんなんひろば」の図書館
④1993年４月	寿台　216　寿台公民館　29,516　山のふもとのちいさな白い土蔵づくり
⑤1999年４月	本郷　221　本郷公民館　31,090　桜並木に囲まれたかわら屋根
⑥2001年４月	中山文庫　670　単独施設　156,475　のどかな山間にレトロなバスがシンボル（折井英治氏寄贈の文庫）
⑦2001年５月	島内　470　島内公民館　40,271　北アルプスを望む田園地帯に文化薫る（農文協など農業文庫が特色）
⑧2002年４月	空港　408　単独施設　47,921　空の玄関、信州まつもと空港に隣接し緑豊かな松林の中
⑨2007年４月	波田　1,106　波田文化センター　91,906　緑豊かな河岸段丘に子どもの笑顔があふれだす
⑩2012年５月	梓川　595　単独施設　31,954　大きなガラス窓と太陽発電設備のある図書館
⑪1991年10月	中央　4,832　単独　593,245　旧開智学校（重文）をうつしたガラスばりの図書館
◎蔵書冊数合計1,148,265　◎貸出冊数合計1,630,813　◎人口242,554人	

この定義の特徴は、①こぢんまりしていても、図書館としての基本的な条件をととのえること、②地区公民館の整備に合わせて複合施設として整備し（単独館もある）、協同することの二点です。

市の基本計画策定、そして着実な建設へ

定義の条件に合った分館を整備するため、図書館が中心になって「第一次分館整備計画」が立てられました。これを教育委員会の方針にすること、そして松本市の基本計画や実施計画に盛り込むことは、そう容易ではありませんでした。厳しく粘り強い議論や折衝が重ねられました。折衝のなかでは、先述したような松本市の地区公共施設整備の大方針が追い風になり、また住民の強い要望や運動が図書館の背中を押しました。

ようやく分館整備が市の第四次基本計画（一九八六年度）や以後の基本計画に掲げられ、建設費や図書購入費、人件費

が予算化されました。住民運動が先行してオープンしたあがたの森と西部分館以後の分館整備は、この計画に基づくものです。

また分館の整備に併行して、中央図書館と分館の蔵書を増やすため、第六次基本計画（一九九六年度）に蔵書整備目標が掲げられ、開架冊数（当時四十一万冊）の八パーセントだった単年度の図書購入費を毎年度一パーセントずつ増額して、五年後に一三パーセントを目指す計画がスタートしました。

こうして松本市の分館は、着実に整備が進みました。表2をごらんください。

まず①から⑧の八館が順次オープンしたあと、「平成の大合併」で二〇〇七年に編入合併した旧波田町の町立図書館（一九九五年四月オープン）が分館に位置づけされ（⑨）、続いて梓川地区（旧梓川村）にも分館が新設されました（⑩）。

このような分館整備と併行して、中央図書館も大規模な施設に改築されました（⑪）。

なお南部図書館には、ちくま共同作業所が運営する喫茶室ゆんたあく、中央図書館には共同作業所パノラマが運営する喫茶店パノラマが開設され、親しまれています。

表３　分館はこんなにも利用されている（2012年度）

	蔵書冊数（冊）	比率（%）	貸出冊数（冊）	比率（%）
中央図書館	593,245	51.7	559,074	34.3
10分館合計	555,020	48.3	1,071,109	65.7
計	1,148,265	100.0	1,630,813	100.0

県内各市にもっと分館建設を

十の分館が身近な地域に整備されて、松本市民の図書館利用は飛躍的に広がっています。表3で二〇一二年度の利用状況をみると、分館は、蔵書冊数では四八パーセントの比率ですが、貸出冊数では六六パーセントに達しています。分館が全貸出冊数の約三分の二を占めているのです。

この数字は、市民にとって、まず身近な分館こそが根っこの図書館であり、最前線の図書館であることを雄弁に語っています。「図書館のあるまち」とはこういうことです。

松本市の図書館は、中央図書館―十分館―団体貸出（公民館・児童館・福祉施設・子ども文庫など五十五団体）―やまびこ文庫（障害者四十六人への宅配）―自宅訪問対面朗読（十三人）―信州大学医学部附属病院こまくさ図書室（市の図書館とオンラインで結ばれ共通カード利用）というネットワークから成り立っています。こうした図書館網が、市民の図書館利用を支えています。二〇一三年度当初の図書購入費九千三百十二万円で整えられた図書が、血液のようにこの網の目を流れています。

全市に立派な中央図書館一館の体制では、こんな利用状況を生み出すことはできません。でも県内には、まだまだこういう市が多いのが現状です。

このレポートを参考に、県内の各市に松本の「分館定義」に基づいた分館整備が進められるといいですね。

（てづか・ひでお：元松本市あがたの森・南部・中央図書館長）

第６章　信州図書館訪問記

宮下明彦

1　県内屈指の老舗図書館が新たな図書館サービスに挑戦する——飯田市立中央図書館

県内屈指の老舗図書館

現在、長野県内の図書館数は分館を含めると百館を超えます。「長野県公共図書館概況 平成二十四年度」（県立長野図書館企画協力課編集、県立長野図書館／長野県図書館協会公共図書館部会）によれば、そのうち明治期創設の図書館は、市立小諸図書館、長野市南部図書館、安曇野市豊科図書館の三館。その後、一九一五年に飯田市立中央図書館、二一年に松本市中央図書館、二三年に上田市立上田図書館と続き、市立須坂図書館、駒ヶ根市立図書館、辰野町立辰野図書館、小布施町立図書館、村立朝日村図書館などが大正時代に開館しました。もちろん、今日の松本市中央図書館の前身が開智図書館だったように、長い歴史のなかで名称の変遷は当然ありました。

図書館の成立過程はその地域の文化的伝統、進取の気性などを如実に反映し、時代に敏感な若者の知的欲求、学習意欲がその大きな原動力になっていました。

県内最古の市立小諸図書館は木村熊二や藤村で有名な小諸義塾のたまものと言えますし、飯田市の図書館は旧

図1　往時を偲ばせる赤門と飯田図書館の門柱

飯田藩主堀家の蔵書を加えた、一九〇一年の飯田文庫設立が出発点になっています。

飯田市の図書館システムは中央館のほかに鼎図書館と上郷図書館の地域図書館、十六分館からなっています。これらの大半は明治・大正期の創設であり、是枝英子の名著『知恵の樹を育てる——信州上郷図書館物語』（大月書店、一九八三年）は、当時の青年たちの学習熱、知的風土が運動の原点だったことをいまに伝えています。

集会文化事業

そういう歴史をもつ飯田市の図書館は、飯伊婦人文庫を始め、市民参加の集会文化事業がたいへん活発であることが大きな特色だと思います。いま、お話会はどこでも開催されていますが、市民参加、市民協働で本格的な集会文化事業がおこなわれているのは、飯田市立中央図書館と上田情報ライブラリーが双璧でしょう。

二〇一一年度の飯田市図書館概要を見ると、読書交流会、読書会、文学連続講座、人形劇フェスタ、地域史研究会、映画会、図書館deジョブカフェなどが毎月何回か開催されています。これらのほとんどは市民の自主事業であると言われていて、飯田の地熱のような民度の高さを感じます。

新たな図書館サービスに挑戦

そんな飯田市の職員集団のリーダーが加藤みゆき館長補佐（二〇一三年度から館長）です。飯田市・下伊那地域のまとめ役としても活躍していて、全国研究集会で実践発表をしたり、「図書館雑誌」（日本図書館協会）に寄稿したこともある、長野県を代表する司書の一人です。加藤さんに聞いた、次の新しい図書館サービスに注目したいと思います。

①ビジネス支援サービス

牧野光朗市長の思い入れもあり、飯田市立中央図書館が力を入れているサービスにビジネス支援があります。主力メンバーが情報サービス係総括、ビジネス支援係総括などの職員体制を敷いて取り組んでいます。

図２　社史の村橋コーナー

当日館内を見学していたとき、社会人が「暮らしと仕事に役立つ」コーナーの前で熱心にブラウジングし、技術・工学の資料を探していた姿が印象的でした。

技術・工学の五類数千冊を細分類の見出しで案内するとともに、法律関係の三類の資料も潤沢に並び、資料構築に力を入れている様子がうかがえます。特に、社史研究で有名な経団連図書館の主任司書だった村橋勝子さん寄贈の「社史コーナー」は大きな特色と言えるでしょう。

また、印刷媒体だけでなく、国内最大級のデータベースである「G-Search」を導入し、企業・信用情報、雑誌・新聞記事、人物情報、マーケティング、法律・特許・技術情報などの提供、レファレンスに活用しています。

②デジタル化

先進的な図書館が貴重資料のデジタル化に取り組んでいますが、飯田市も二〇〇九年度と一〇年度に郷土新聞「南信州新聞」と「信州日報」をデジタル化しています。

加藤さんの話では、紙面をＯＣＲで読み込み、キーワード検索ができるので、郷土新聞検索、地域調査の有力ツールになっているとのことです。

国立国会図書館のデジタル化に対応して、地方の図書館でも所蔵する貴重資料のデジタル化がこれからの大きな課題となっていて、飯田市の取り組みがさらに拡充することを期待しています。

今後の課題

歴史ある飯田市立中央図書館は多くの特殊コレクションを所蔵しています。堀家所蔵古書、市岡家所蔵古書、日夏耿之介文庫、日下部文庫、村沢文庫。平沢文庫など約三万冊近くを所蔵し、貴重なものがたくさんあります。加藤さんがそのうちの本草図譜の一点、和紙に描かれた色鮮やかな植物図鑑を手に取って見せてくれました。文政・天保期に幕閣だった堀家に伝えられた全九十六巻九十二冊中、八十四冊を所蔵していると説明書にあります。

今後はこれらの貴重なコレクションをどう生かすかが歴史ある図書館の共通の課題です。例えば、上田図書館の花月文庫はその代表的なものですが、お宝として死蔵するのでなく、市民や研究者の調査、研究に資する努力がもっと必要でしょう。そのためには古書を扱えて古文書を読める職員を養成するとともに、翻刻し、解説を付し、ネットで提供するなど、市民が利用できる形にする必要があり、アーカイブ事業はこれから図書館の大きな仕事になるでしょう。

所蔵する貴重コレクションの活用、ビジネス支援サービスを始めとする課題解決支援サービス、デジタル化など、県内屈指の老舗図書館が挑戦する新たな図書館サービスの創造にこれからも期待しています。

（二〇一一年九月十一日に訪問）

2　いま、村の図書館が面白い——松川村図書館

いま、信州の村が輝いています。自然や農業、村の素材、歴史、文化を生かした地域づくりが活発です。例えば、小林一茶と温泉とリンゴで村おこしに熱心な高山村、大鹿歌舞伎で有名な大鹿村、山と雪と外国人スキーヤーの白馬村など、数え上げれば十指では足りません。

「平成の大合併」後も、長野県下では三十三の村が自立の道を歩んでいます。これらのなかに村立図書館が十八あり、その代表の一つが二〇〇九年春に開館した松川村図書館です。

サービスの術がある図書館長

棟田聖子館長は、県下では数少ない専門職館長の一人です。明るく快活な人柄で、学校司書歴も長い、経験豊かな棟田さんは、レファレンスサービス、テクニカルサービスを始め、読み聞かせやブックトーク、読書会の講師も務めていて、地域の住民とも気軽に話しています。図書館長だから当然とはいえ、管理主体の館長が大半を占める現状では、図書館サービスを自らおこなえる館長はまれなだけに、棟田さんの話は新鮮でした。

棟田さんの人事は瓢箪から駒だったのかもしれませんが、こういう方を館長に据えた松川村理事者の英断を歓迎したいと思います。

ポリシーを感じる図書館

松川村図書館の大きな特徴は、五万冊弱の蔵書の六〇パーセントを児童図書と絵本が占めていることです。その理由はいろいろありますが、最大の理由は安曇野ちひろ美術館との連携を重視していることです。この姿勢が

図3　贈られた絵本の山と棟田館長

評価されて、何人かの関係者から定期的に数百冊の絵本や児童書が寄贈され続けているとのことです。一方、両隣に大町市と安曇野市の図書館が控えているので、「一般書はそちらにお世話になる場合も多い」と棟田さんは笑います。

北アルプスが望める南側に開放部を大きくとり、明るく居心地がいい松川村図書館は、高齢者も意識した滞在型図書館としても申し分ありません。いずれにしてもポリシーがはっきりした図書館です。

安曇野ちひろ美術館との連携

上田地域のエコールや諏訪地域のすわズラーのように、公共図書館が学校図書館と協力体制を組んでいるところはいくつもありますが、図書館と地域の文化施設との連携はほとんどありません。

そんななか、安曇野ちひろ美術館と松川村図書館との連携は特筆すべきことです。美術館の原画が数ヵ月おきに展示替えされるたびに、図書館では展示に合わせてその絵本作家の作品を展示したり、講演会やイベントを共催するのです。

公共図書館はもっと地域の文化施設や関係機関・団体との連携を広げていくべきで、そのなかから新たな発展も見えてくるでしょう。松川村図書館と安曇野ちひろ美術館との連携は、そのモデルとして大いに注目していきます。

さらなる発展のために

一般的に村の図書館がその機能や役割を十分に果たしていくためには、近隣図書館との相互協力とともに、県立図書館や国立国会図書館などとも密接につながることが大事です。村の図書館でも、いや村だからこそ、精通した館長がいて、相互貸借や複写サービス、情報サービスなどを通してこれらの図書館を十分に活用したいものです。

また、行政は専門職館長がその力を十分発揮し、サービスを思い切り展開できるようにサポートすることが重要です。公募館長や招聘館長の場合も同じですが、嘱託の専門職館長の場合は、人事や予算折衝などのあり方、行政との関係で、その力を十分発揮できるように配慮することが今後の課題だと思います。

（二〇一一年五月十九日に訪問）

3　指定管理者制度を生かして専門性の高い職員集団を目指す──駒ヶ根市立図書館

県下で指定管理者制度を導入している代表的図書館が駒ヶ根市立図書館です。九月十一日にその駒ヶ根市立図書館に小川清美館長を訪ねました。

二〇一一年に県図書館協会の専門研修が駒ヶ根市立図書館で開催されましたが、応対してくれた職員からホスピタリティーと職務に対する高いモチベーションを感じていました。

専門性が高い職員集団を形成

二〇〇三年の地方自治法（第二百二十四条）の改正によって、公の施設を民間事業者を含めた指定管理者に全面的に運営させる指定管理者制度が発足しました。指定管理者制度の特徴は、「民間事業者の経営管理の効率性、新規事業開発のノウハウ、専門的人材の確保等を生かしていく可能性」と言われています。

現在、県下の一般的な図書館職員体制では、行政一般職が館長や係長などを占めて事務管理部門を担い、直接

図4　テーマ展示コーナーが多い

サービスや間接サービスにあたる司書の大半は嘱託職員と臨時職員で構成されています。専門職員の養成には相当年数の経験が必要ですが、行政一般職は人事異動が不可避で二年前後で異動を繰り返し、臨時職員は身分的に不安定なので、現在の一般的な職員体制では専門的なサービス提供に必要な知識・技術・経験の蓄積が難しいという大きな問題があります。また同じ仕事なのに、正規職員と臨時職員では待遇面で極端な差があります。

駒ヶ根市立図書館は二〇〇二年から駒ヶ根市文化財団に管理委託され、〇六年度にそのまま指定管理者制度に移行しました。その際、職員の増員を図るとともに、全員司書の専門職制を敷きました。これだけでもほかの自治体ではなかなかまねができませんが、駒ヶ根市立図書館の場合、指定管理者制度を生かして専門的職員集団形成を目指していることが大きな特徴になっています。

例えば、財団職員に採用されると十年間は腰を落ち着けて図書館の仕事ができるのです。多くの行政直営図書館の非常勤職員が、三年前後の短期雇用であるのと大きな違いです。市外からも優秀な人材を採用し、育ててまた出身地へ返していく配慮もしているそうです。待遇は嘱託職員扱いで、比較的条件がいい塩尻市や長野市と同等のようです。

さらに特筆すべきことは、その嘱託職員のなかから正規職員に昇格できる道を模索している点です。二〇一〇年に正規職員が一人誕生しましたが、今後も同じ検討を続けるといいます。専門性が高い職員集団形成こそが図書館サービス向上に直結するという小川館長の話に共鳴するとともに、文化財団や市理事者の図書館理解の姿勢も感じました。

連携と協力が可能

文化財団は、七校ある小・中学校の図書館司書業務も受託しています。したがって、市立図書館と七学校図書館の間で司書の人事異動がおこなわれ、二ヵ月に一回、司書会を開催し、互いに連携し切磋琢磨しながら、一人職場の学校図書館を支援しています。また、十三ある保育園・幼稚園にブックトラック十三台分、一台五十一冊を選書して毎月巡回させる「よみーくちゃん」（読育ちゃん）巡回図書事業を市立図書館が中心になって実施しています。

図書館、学校教育課、市長部局と行政直営の場合は縦割り行政の弊害が出て連携が難しい傾向がありますが、駒ヶ根市のこの取り組みは指定管理者の長所を生かしたものでしょう。

駒ヶ根市立図書館は総合文化センターの一角にあり、博物館、文化センター、勤労青年ホーム・女性ふれあい館との複合施設を形成しています。これらの五施設すべてが駒ヶ根市文化財団の指定管理者によって運営されていて、毎月館長会議を開催し、コラボを組んで事業をおこなっているそうです。例えば、加島祥造さんの講演会を文化センターでおこなえば図書館は加島さんの本の展示コーナーを設けるといった具合で、ここにも文化財団が一括受託して連携できる指定管理者制度のよさがうかがえます。

三兄弟が図書館長

小川館長は、兄弟三人が図書館長をしているという珍しい家族歴の持ち主です。長兄の小川幹夫さんは教職ののち、市立飯山図書館長として活躍しました。次兄の小川俊彦さんは現在の千葉県市川市立中央図書館をつくった方で、図書館の専門家として活躍し、現在は神奈川県逗子市立図書館の館長を務めています。

駒ヶ根市立図書館長の小川清美さんは、教職の現役時代から駒ヶ根市の子ども読書活動推進に関わっていて、四年前に図書館長に就任しました。

兄弟の母みさをさんは、PTA母親文庫活動全盛時代の県下のリーダーでした。兄弟はそういう本や図書館に親しむ環境のなかで成長し、それが今日につながっているのでしょう。

図５　館内を案内してくれる小川館長

今後の課題

帰り際に館内を見学しました。展示コーナーがいくつか設置されていて、毎月テーマを替え、時事問題についても積極的に取り上げていると、小川館長から聞きました。

駒ヶ根市立図書館にも課題はあるようです。例えば、地域や市民の生活・仕事の課題解決を支援する取り組みや竹村文庫目録のデジタル化への取り組みです。これらも、指定管理者制度を生かして専門性の高い職員集団形成を目指すなかで実現されるだろうと思いながら駒ヶ根市立図書館を後にしました。


（二〇一二年九月十一日に訪問）

4　岩波書店出版物の殿堂――諏訪市立信州風樹文庫

岩波書店の出版物がすべてそろっている図書館が信州にあることをご存じでしょうか。諏訪市立の信州風樹文《ふうじゅぶん》庫《こ》です。

二〇一二年十一月十日、私はその信州風樹文庫を久しぶりに訪ねました。

風樹文庫の名は、岩波書店の創業者岩波茂雄の座右の銘「風樹の歎」に由来します。中国の『韓詩外伝』巻九に、「樹静かならんと欲すれど風止まず　子養わんと欲すれど親待たず　往きて見るを得べからざるは親なり」とあります。茂雄は少年時代に父を亡くし、青年時代に母を失いました。そのため、「海嶽の慈恩に一片も報いるところがなかったのは終生にわたる自分の恨み事。今日に至るまで父を思い、母を思って暗然たるものがある。私が多少とも世に奉仕しようとするのは、風樹の歎を自ら慰めようとするに過ぎない」と孝心が人生のバックボーンの一つになりました（信州風樹文庫五十年記念誌編集委員会編『信州風樹文庫五十年』諏訪市教育委員会、一九九七年）。

信州風樹文庫の入り口には有名な「低処高思《ていしょこうし》」の偏額が掲げられています。その偏額を仰ぎ見ながら、その日私を玄関で待っていてくれた図書館の矢崎勝美さんに招じ入れられゲートをくぐりましたが、林立する書架と静寂な館内の雰囲気に身が引き締まる思いがしました。

四万点を超える戦後の岩波書店出版物がすべてここに

書架をブラウジングしてまず目につくのが岩波書店の全集群です。『漱石全集』『鷗外全集』『白秋全集』『芥川龍之介全集』『泉鏡花全集』『露伴全集』から『幸田文全集』まですべてそろっています。

なかでも岩波書店の初期の出版物である哲学叢書が目を引きます。『プラトン全集』『アリストテレス全集』『ヘーゲル全集』『福沢諭吉全集』『内村鑑三全集』『西田幾多郎全集』『和辻哲郎全集』『津田左右吉全集』『三木清全集』などの書架の前に立つとなんとも圧倒されます。

ところで、「真理は万人によって求められることを自ら欲し、芸術は万人によって愛されることを自ら望む」という格調高いマニフェストで知られた岩波文庫のお世話になった中高年世代は少なくないでしょう。

図６　清楚で明るい雰囲気の閲覧席

岩波文庫は一九二七年に創刊されましたが、この出版こそは岩波の理想とプライドを賭けた畢生の大事業でした。そのころの日本は〝円本〟と呼ばれる狂乱の全集廉価販売ブームの渦中にありましたが、円本ブームに乗り遅れた出版社のアンチテーゼとして岩波文庫がスタートすると、Ａ６判のハンディーな廉価版は爆発的な人気を呼び、何百通という感謝状・激励文が寄せられたと言われています。岩波茂雄をして「本屋になってよかった」と大感激させたと、出版史に詳しい塩澤実信はその著『ベストセラーの風景』（展望社、二〇〇九年）に記しています。

また、岩波新書が一九三八年に創刊されると、他社の多くが新書判発行に追随しました。四七年以降のこれらの岩波文庫、岩波新書が信州風樹文庫の南側壁面書架を埋め、十連近く林立する様は壮観です。

現在、岩波書店が発行する出版物のすべて、毎月五十冊から百冊ほどが宅配便で送られてくるそうです。北隅の一角に、今月の岩波書店の新刊本がテーブルの上に所狭しと並べられていました。

さらに奥へ入ると、清楚な雰囲気の閲覧席コーナーが西日に当たって明るく輝いていました。矢崎さんの話では、作家の井出孫六さんもこの閲覧席を愛用していて、シーズンになると原村の別荘から足しげく信州風樹文庫へ通ってくるそうです。筆者も、機会があったら岩波書店の出版物に囲まれて一日中ここで過ごしてみたいと思いました。

向学心に燃えた中洲村の青年たち

ます。

この信州風樹文庫の成立には、敗戦直後の向学心に燃えた中洲村の青年たちの熱い思いと行動が伝えられています。

一九四五年八月十五日を境に敗戦後の日本は価値観が一変し、民主主義が標榜されると、茂雄の出身地諏訪郡中洲村の青年たちはそれらをいち早く学習しようと熱心に本をあさりました。「復員した多くの有為の若者が青年会に加わり積極的に活動した。武力で敗れたことを、歴史を追うなかで政治、教育、思想などの面から反省し、文化によって国を建て直そうという気運が高まっていた」（前掲『信州風樹文庫五十年』）。そんななか、東京女子大学文学部教授藤森朋夫の妻が中洲村役場助役岩波卓の叔母にあたる縁で、藤森教授の講演会が開催されました。その講演で、藤森の「岩波茂雄先生のような全国的大文化人を生んだ中洲の地に、少なくとも岩波の図書がそろっているような施設がないのは残念だ」という言葉が青年たちの肺腑をえぐりました。そこで、青年会長平林忠章と副会長藤森一二雄、文化部長の守矢日出男は相談の結果、「藤森教授の指摘した施設がほしい」「少ない優良図書に対する青年たちの切なる希求に応じたい」との理由で行動を開始しました。そして青年たちは「直接上京して岩波書店に寄贈を懇願してみよう」ということになりました。

しかしこのとき、岩波茂雄はすでに亡くなっていました。したがって、一九四七年一月に平林と青年学校教論金子功が神田の岩波書店を訪れたときは支配人小林勇と長田幹雄が応対しています。上京した二人は自分たちの心情をこもごも述べましたが、小林は「岩波茂雄の郷土だからといって、岩波の本がほしいというのは、一種のセンチメンタリズムだ。岩波の本は国内外を問わずに、真に必要とする所で利用されるべきだ」と青年たちの懇請を断りました。それでも二人は諦めず、再び岩波書店に赴きました。助言のために駆けつけた藤森朋夫と合流し、社長と面会することになりました。岩波茂雄の次男で後継社長になっていた岩波雄二郎が応対し、真剣な読書熱、農村文化向上、国の再建へ寄与したいという青年たちの真摯な情熱に深い理解を示し、遂に岩波書店発行図書の寄贈について協力を約しました（前掲『信州風樹文庫五十年』）。

一九四七年二月、第一回の図書受領のため、青年会の平林と吉山伊三雄、金子教諭の三人がリュックサックを

図7　1947年に青年たちが運んだリュックと本

背負って上京しました。その後、年三回ほど本を受け取りに上京しましたが、その旅費などは中洲村当局が全面支援しています。

こうしてリュックサックに背負って持ち帰った岩波書店の書籍は信州風樹文庫と名づけられ、当初は中洲小学校の応接室に受け入れ、保管され、貸出は青年会文化部の責任でおこなわれました。

その後、中洲小学校内の敷地に風樹文庫の独立書庫が設置され、諏訪市に合併後の一九七五年に増築されました。さらに本格的な図書館整備の気運が熟し、九三年七月に延べ床面積六百平方メートルを超える諏訪市立の新信州風樹文庫が旧中洲村役場跡地に開館しました。その年は岩波書店創業八十周年にあたり、竣工式には当時岩波書店会長になっていた岩波雄二郎も出席しました。

現在、信州風樹文庫は年間受け入れ冊数約千冊で、二〇一二年度の蔵書数は四万五百八十一冊に達しています。

岩波茂雄は、「自分は一介の文化の配達夫、または文化の撒水夫にすぎない」と言って、学問や芸術に専念し献身する人や、身を忘れて社会に奉仕している人を尊敬し、感謝する気持ちが強かったと言われます。誠実に生き、誠意をもって仕事をする茂雄の人生や社会に処する姿勢は、生涯一貫して変わることはありませんでした。孝心厚く、理想家で、思い込んだら猪突猛進する正義のロマンチスト、郷土を愛し、多くの親友・知己に恵まれた岩波茂雄こそは、代表的信州人と言えるでしょう。

岩波茂雄は「低処高思」を座右の銘とし、いまも茂雄の生家跡には大きな自然石に盟友安倍能成の筆による「低処高思」の石碑が立っています。このほかに「至誠而不動者未有之也」「白鶴高飛不追群」も、岩波茂雄の座右の銘として信州風樹文庫に残されています。

なお、岩波茂雄は一八八一年八月二十七日、諏訪郡中洲村中金子で生まれました。父義質《よしもと》、母うた。戦後初の文化勲章を受賞した直後の一九四六年四月、熱海惜櫟荘で再度の脳出血を発病し、四月二十五日に没しました。享年六十五歳でした。

（二〇一二年十一月十日に訪問）

5　行政情報サービス・農業支援サービスに挑戦する——新東御市立図書館

二〇一二年十一月一日に、「出会いを楽しむ　学びと創造の拠点づくり」をコンセプトにした新東御市立図書館が開館しました。

開館から三カ月たった二月の雪の日、新東御市立図書館に飯島貞夫館長を訪ねました。開館以来、入館者は平均六百人で、土日は千人近く、特に開館直後には千三百五十五人の入館者を記録し、旧館のころの四倍を超えているそうです。住民がどれほど新図書館の開館を待ち望んでいたかがわかります。

市庁舎と合築、滞在・研修型図書館

新図書館は、市役所の新庁舎との合築・一体型が構造上の大きな特徴になっています。延べ床面積約二千二百平方メートル、三階建てで、メインフロアの三階は、入ると機関車に模した書架がまず目に入り、紙芝居がたく

図８　高校生が読み聞かせ

さん納められます。そしてその先の広々としたフロアには、千曲川をモチーフにした曲線のベンチ一体型書架が続いています。

開架十一万冊の四割は絵本・紙芝居・児童図書で、紙芝居は千六百タイトルと子ども向け図書がたいへん充実しています。

二階にはインターネット環境が整備された研修室が二部屋（二十人用と五十人用）配置され、百二十平方メートルの市民ラウンジの自由な空間が広がり、一階の郷土・行政資料室には調査用個室や書見台つきの閲覧席も備わって、滞在型・研修型の、これからの新しい図書館になっています。

高校生が定期的に読み聞かせ

東御市図書館は以前から市内五小学校の学校図書館への支援が活発です。上田地域の小・中学校はエコールで結ばれていますが、それに加えて、東御市図書館独自に学期中すべてのクラスに児童書や調べもの学習の資料貸出、団体貸出をしているとのことです。その成果でしょうか、かつて田中小学校は読書活動部門で文部科学大臣表彰を受賞しました。

また、特筆したいのは、図書館と隣接して東御清翔高校があり、同校の図書委員会の生徒が、子どもや幼児・親子連れ対象に定期的な読み聞かせをおこなっていることです。高校生の読書離れが深刻なだけに、彼らの活動はたいへん貴重な活動だと思います。現在、委員会メンバーは十人ほどですが、そのうちの一人は将来声楽家を夢見ているそうです。夢がかなうといいですね。

行政情報サービスを目指す

新東御市図書館は行政情報サービスを目指しています。行政支援というと少し仰々しいかもしれませんが、要するに、市役所の職員にもっと図書館を使ってほしい、仕事に役立ててほしいということです。

これからの日本は地方分権、地方の時代で、自治体職員も自分で情報収集し、自分で考え、自立していかなければなりません。そのとき情報面で役立つのが実は図書館なのです。例えば、東京都日野市の市政図書室、鳥取県の県庁内図書室はそういう目的で設置された先進的図書館です。

新東御市立図書館は市役所と合築され一体的な建物になっています。この立地条件を生かして、まず市役所の職員や議員に大いに図書館を利用してもらうとともに、市民が行政情報にアクセスしやすくすることも今後のサービスの柱の一つにしたいと飯島館長は語っています。

そのために、図書館が行政情報の窓口になる必要があります。例えば、法令、国政調査、政府機関からの情報や統計資料、全国の先進事例、市の予算書・決算書、規則、各種報告書、地域の歴史、自然などの資料を収集・蓄積し、市役所の関係部局と連携し、これまでの経験を生かしたいと意欲的です。

行政情報サービスでは、それらのデータを市民にわかりやすく図書館が加工して提供する、市役所職員の情報へのアクセスをサポートする、利用者講座を開くなども今後の課題になるでしょう。また、専門的知識をもち、要望に合わせて的確な情報を紹介したり、情報を効果的に活用できるノウハウをもつ有能な司書が欠かせません。

菅谷明子さんは『未来をつくる図書館——ニューヨークからの報告』（〔岩波新書〕、岩波書店、二〇〇三年）で「使いにくい行政情報を使い勝手のよいものにして、効果的にアクセスできる仕組みが作り出されてはじめて、真の意味で市民が情報を手にすることができる」と述べています。

千曲川ワインバレー

東御市には有名なワイナリーが三カ所あります。

最近、東御市を始め、小諸市、上田市、坂城町、千曲市、須坂市、高山村、小布施町を結ぶ千曲川ワインバレー構想が浮上していて、阿部守一知事も本腰を入れているようです。

千曲川流域のこの丘陵地帯は冷涼で降水量が少なく、しかも日照日が多くてさんさんと陽が降り注ぎ、フランスのボルドー地方とたいへんよく似た地形と気候で、ブドウ産地として申し分ないそうです。そしてその将来の姿が、「ぶどう畑に囲まれたワイナリー周辺には緩やかな丘と里山の森が広がり、静かな散策の小道が山の稜線まで続く。ワイナリーから程近いところには眼下に流れる川を見下ろすようにレストランやホテルやペンションがやはり点在している。最高のぶどう畑は川の見える場所にある…」（平尾勇「「長野ワインバレー構想」を考える」〔http://www.neri.or.jp/view.rbz?nd=63&of=1&ik=1&pnp=16&pnp=20&pnp=25&pnp=63&cd=362〕）と語られています。

図書館が農業支援サービス

このような夢のある地域展望に対して、図書館が何かできないだろうかと飯島館長は構想を練っているようです。

ワイナリーは、専用ブドウづくりの農業（第一次産業）の顔、発酵や醸成の高度な加工技術や品質管理技術を駆使したものづくり（第二次産業）の顔、さらに、流通サービス業（第三次産業）の顔をもち、いわゆる第六次産業と言われています。

それぞれの顔に応じて、図書館がその機能を発揮させることはできないでしょうか。例えば、

①関係する図書と雑誌を継続して集積する。例えば、ブドウが出てくる絵本や文学作品のコレクションづくり、

専用のデータベースで情報を検索する
②千曲川ワインバレーに関するリンク集を作る
③図書館の研修施設を使った技術研修会の開催
④自由に出入りできる図書館の特性を生かした交流会、専門家と農林課などの行政との情報交換の場
⑤図書館がこれらの研修や交流ができるようにするための仲介役、コミュニティーファシリテーター役を果たす
などが考えられます。

地域の課題解決支援や仕事に役立つ図書館サービスが全国で標榜されていますが、このような新しい行政情報サービス、農業情報支援サービスが具体化すれば画期的なサービスになることでしょう。

新東御市立図書館の挑戦に大いに期待しています。そんな夢のある話を聞きながら、図書館を後にしました。

（二〇一三年二月六日に訪問）

［対談］朗読とブドウと図書館と　宮下明彦×青木裕子

浅間山の白く雄大な裾野を眺めながら、改装されたばかりのしなの鉄道中軽井沢駅に降り立ちました。駅舎のなかの図書館、いや図書館のなかに駅舎がある、そんな印象を与える「くつかけテラス」に中軽井沢図書館が二〇一三年四月にオープンしました。その新図書館長と軽井沢町立図書館長に、元NHKアナウンサーで軽井沢朗読館館長の青木裕子さんが就任しています。

青木さんとは窪島誠一郎さんとの縁もあり、上田情報ライブラリー開館以来十年近い交流がありますが、いよいよ信州に根を張った朗読や図書館活動が期待できそうで楽しみにしています。

早春の午後、浅間山を望む二階の明るい小会議室で青木さんとの対談が始まりました。

朗読のこと

宮下明彦　軽井沢朗読館の例会には軽井沢、小諸、上田、長野、さらに松本や高崎からも朗読のファンがいらっしゃるようですが、信州の風土は朗読に合っているのですか？　東京と比べて違いますか？

青木裕子　信州の風土は朗読にとても合っていると思います。軽井沢に朗読館を建てたのは偶然で、地元の方に呼ばれるままにやってきたのですが、きてみてそう感じました。ここにきたのは偶然ではなかったのだなと。くるべきところにやってきた。信州人は人の話にじっくりと耳を傾ける素地があります。まず耳を傾け、そのあとで自分の意見を言う。人の話をゆっくり聞くことができるというのは美しい資質です。朗読を聞くことを楽しむというのはまさしく耳を傾ける力です。冬の長い北国の人は暮らしのなかでそんな美質を培ってきたのではないですか？　東京は人間関係が希薄なせいか、聞くことがおろそかになりがちです。私が育った九州はもっと開放的で、じっくり聞く前に、まず外に出て活動する。信州は冬は厳しいけれども広々として声はどこまでも伝わっていく。声を楽しむにはすばらしいところです。

宮下　昨二〇一二年九月には神戸・須磨寺を会場に、「平家物語――朗読と音楽の夕べ」を朗読されて大成功だったと聞いています。『平家物語』の原文をどう朗読されたのですか？　伴奏の十一弦ギターとはどんな楽器ですか？

青木　『平家物語』はもともと琵琶法師の語りが基礎になっていますね。原文は語りを写したものですから、『源氏物語』と違って耳で聞いてある程度はいまの人にもわかります。また一つのエピソードが四分から五分という短いものが多いのですが、それがたくさん集まって全体をなしているので、そのなかからよく知られた場面を選んで、現代文と古文とを交互に読みました。現代文は友人とチームを作っていまの話し言葉に置き換えるとどうなるか、ずいぶん考えながら作成しました。何しろ「現代によみがえる『平家物語』」を目指しましたから。十一弦ギターと合わせたのは古典にしたくなかったからで、西洋の楽器を使ってすべて作曲してもらうことによって、『平家物語』の登場人物に、いまの時代によみがえってもらおうと思ったのです。これはうまくいきました。生き生きと平家の武将たちが立ち上がって、そこにいるように感じたというお客さんが多かったです。十一弦ギターはもともとはリュートをベースにしたもので、七十年ほど前にスウェーデンで作られたものです。アコースティックギターと違って、やわらかい深みのある音がします。

宮下　二〇一二年夏、作家高樹のぶ子さんの『日本霊異記』から着想した未発表作品の朗読をされたようですが、最近は古典を取り上げて現代によみがえらせたいという思いもあるようですね。

青木　そうですね。高樹のぶ子さんは朗読のための書き下ろし作品を書いてくださいます。去年（二〇一二年）の夏、一作目ができ、軽井沢朗読館でお披露目をすることができました。二作目ももう「文學界」（文藝春秋）に発表されています。高樹さんのなかで古典を現代によみがえらせてみようという構想がふくらんで、これから書き続けて一冊の本になるそうです。『日本霊異記』も二百ほどの説話からなる物語ですが、一つひとつがなんとも奇妙です。ほんの数行の説話もありますが、そのなかから選んだエピソードをヒントに、明日香ちゃんという二十三歳の薬師寺に勤める女の子が活躍する物語です。高樹さんの作品を朗読するうちにすっかり影響を受けました。古典だと思われている事象や人物を現代によみがえらせるのは、本当に面白い取り組みだと思います。

宮下　ところで、軽井沢朗読館のウェブサイトに、「日本語は音そのものの響きが単語のニュアンスをそのまま現していることが多いので音読にはとても向いている言語だといえます」とありますが、日本語はそうなんですか？

青木　本当に面白いほどそうなんです。もともと、諸外国と戦争して言語が交ざったり否定されたりした歴史がほとんどなかったのでしょう。あいうえおという母音がもつ明るさ暗さ広さ狭さといったニュアンスに子音の微妙なニュアンスが絡み合って、音そのものがそのモノあるいは事象などのイメージそのままなのです。ですから音にすると素直に音感の美しさを楽しめます。日本語にある無限と言っていいほどのオノマトペを考えただけでもわかります。ピチピチ、プチプチ、パチパチ、フワフワ、プワプワ、声にすると感じがよくわかります。

宮下　また、「お風呂のなかで歌う人は沢山いますがいちど朗読して見て下さい。自分の発した言葉の美しさにほれぼれするに違いありません」とあります。私も声を出して読むことは脳の活性化にもいいと聞いて、最近は新聞を読むときは声を出して読んでいます。ときどき家族からは「うるさい」なんて言われますが、明治のころのお父さんを見習って大きな声で読むことを習慣にしようと頑張ってます。

青木　明治のころは家長の役目だったのです。いちばん文字を知っているお父さんが、みんなに読んで聞かせる。男の人の朗読はすてきです。女性と違って男性は、社会性を身につけるなかで自分を抑制していく。つまり女性に比べて声にあまり表情をつけないようになっていきます。これはこれで朗読にはいい点もあって、抑制された美しさがにじみ出ます。朗読というのはその人が歩んできた道筋や人柄なども写すものです。抑制された格好よさ、ユーモアの感覚など、男性は表現しやすいと思います。

宮下　文末で「朗読はするもよし聞くもよし」と言ってます。

まず、聞くほうですが、私は朗読を聞くのもクラシック音楽を聞くのも似ているように思います。両方ともその情景を想像し、気持ちを思い、没頭するなかで感動が得られるのだと思います。だから、心配事があったりして朗読の世界に浸れないと十分楽しめない。

青木　そうですね。文章は朗読者にとっては楽譜のようなものだと思っていいですね。朗読する人が頭のなかにその文章の情景をしっかりとイメージしていることが大切です。登場人物がいるとします。立っているのかどうなのか。二人の距離は、どんな部屋どんな場所か、明るいのか寒いのか、などなどできるだけ五感を総動員させてその世界を明確に思い描くことが大切です。

宮下　「朗読はするもよし」ですが、先日のNHK長野放送局制作の『朗読紀行』に登場した美鈴が丘高校と松商学園の高校生の朗読がとてもじょうずで驚きました。高校生にもうまい子がいるのですね。

青木　本当にじょうずでした。ああいう子どもたちが言語の世界に興味をもったりして日本語をより豊かにしていってくれるのを期待しますね。なかにはプロを目指す人もいると思います。小学生でも驚くほどすてきな朗読をする子どももいます。要は文章の世界にするりと入り込んでその言葉のイメージを素直に声にしていくことが大切なんです。イメージを捉える力を磨くことですね。五感を研ぎ澄ますということです。

宮下　現在、長野県下では読み聞かせ（読み語り）、視覚障害者などに対するデイジー図書制作のための音訳が盛んです。そのボランティア参加者の九割は女性です。男性の読み聞かせグループも県下に二、三ありますが、まだ例外です。

そこで、朗読にはぜひ男性が参加したらどうか、団塊世代のご同輩にぜひ朗読を勧めたいし、私もチャレンジしてみたい。ターゲットは高校生と団塊世代以上の男性ですね。

青木　ぜひそうしてほしいと思います。私の朗読ワークショップの生徒さんに九十歳の男性がいらっしゃいますが、この方の朗読には感嘆します。中島敦の『山月記』など最高です。言葉の響きにいまの人には出せない色合いがあるのです。単語を一つ声にしただけで荒涼とした岩山の風景が浮かぶんです。

ブドウのこと

宮下　二〇一二年の秋、朗読館ブドウ祭りがおこなわれたそうですが、どんなことをされたのですか？

青木　東御市のブドウ農園に協力していただいて、ブドウやブドウジュース、ブドウのケーキなどをお客さんに食べたり飲んだりしてもらいながら、ブドウにまつわる朗読会をおこないました。音楽の演奏もあって、チェンバロとスペインギターの演目で「バッカスの祝祭」は楽しめました。メインはもちろん朗読で、読むものはブドウやワインに少しでも関係していればなんでもいいんです。私も読みましたが、面白かったのは、一般の方たちに七分ぐらいの文章を読んでもらう「朗読マラソン」というか「朗読駅伝」ですね。十数人がエントリーしてどんどん読んでいくのですが、童話もあれば、小説もある。有島武郎の『一房の葡萄』はやはりありました。ブドウばかりをつづった短歌も登場しましたし、紙芝居もありました。みなさんほとんど素人《しろうと》なのですがこれが面白いのです。お客さんはずっと聞き入っていました。一人ひとりの声も違うし、味わいが全部違って、本当に朗読の世界は豊かだと思いました。あとでお客さんから「とてもすばらしい会だったけれど、ブドウを買う時間がもっとほしかった」と言われました。何しろ東京の三分の一ぐらいの値段ですばらしいブドウが買えるのですから。ブドウは飛ぶように売れて完売でした。

宮下　地場産業であるブドウの販売に朗読会が一役買ったということですね。

青木　来年もぜひやりましょうとすでに言われています。農園の方は最初は半信半疑だったみたい。こんなに盛り上がるとは思わなかったとおっしゃっていました。ブドウがどこかに入り込んでいる文章は無限にあります。毎年『一房の葡萄』が演目に上ってもいいわけで、ずっと続きそうです。

宮下　現在、図書館のあり方として「課題解決支援サービス」が強調されています。農業支援、子育て支援などがその代表で、地域の課題解決支援、生活や仕事に役立つ情報、資料を提供する機能、役割が図書館に求められています。

朗読活動がブドウの販売や消費に役立った。これは立派な農業支援サービスと言えると思います。小諸から小布施に至る千曲川流域にはブドウのほかに、リンゴ、杏、栗などの特産物があります。これらを取り上げて、朗読会と結び合わせられれば面白い。

青木 こんな調子でいくと、リンゴ祭り、杏祭り、栗祭り、桃祭り。しなの鉄道沿線で朗読会が成立しそうですね。

宮下 そうですね。しなの鉄道の沿線にはここ中軽井沢図書館を起点にして、市立小諸図書館、東御市立図書館、上田情報ライブラリー、坂城町立図書館、千曲市の図書館、長野市南部図書館、県立長野図書館、さらに小布施町立図書館まで、沿線の駅近くに多くの図書館があります。これらを朗読でつないで「千曲川朗読回廊」ができればたいへん面白い。文学活動としても、また農業と結び付けて展開すれば農業支援サービスにもなります。

青木 朗読は誰にでもできることですから、本当に気軽に参加できる朗読会をどんどん組んでいきたいですね。「私は声が悪いから」「私はへただから」などと思わないで、こつさえのみこめば、というより自然体で読む練習をすれば、朗読は自分を格好よく見せるいちばん手近なアートだと思ってください。

宮下 信州の自然、果物、温泉などとともに、朗読を聞くために東京からお客さんがやってくる、軽井沢がその窓口になるということも考えたい。

青木 ぜひそんな取り組みをやっていきたいですね。

図書館のこと

宮下 青木さんは、藤巻進町長からいわば三顧の礼をもって図書館長に迎えられたと聞いています。現在、県内には招聘、あるいは公募の図書館長が何人かいらっしゃって、みなさんたいへん活躍されています。

青木さんには朗読の名手として、天下一品のサービスができる術があります。招聘館長、公募館長のみなさんはそういうものをおもちの方が多い。

青木　一月から館長になってみてわかったのですが、行政というところは予算の仕組みがあって、すぐに動かないということがあります。でも行政の職員の方々にも夢がいっぱいあって、本当はこうしたいと思っていることもある。そこを自由にものが言える外からの館長が行政の夢を後押しすることもできると感じています。とにかく住民たちみんなの図書館にしたいというのは共通ですから。

宮下　そうですね、期待しています。

それと、図書館サービスには館内でおこなわれる貸出やレファレンス・情報サービス、読み聞かせ、講座・集会事業などと、ＢＭ（移動図書館）、歴史・文学散歩、古本市、出張朗読会など館外でおこなわれるサービスや活動があります。いずれにしても、これからの図書館サービスや活動には市民参加、市民協働が大事ですね。市民のみなさんが参加し、図書館を活用する。市民のみなさんと新しい図書館を創造していく、市民と職員との協働が重要です。

軽井沢図書館には、前館長の塩川治子さんが育ててきた友の会があります。また、軽井沢には作家、学者、文化人を始め、多彩な方がいらっしゃいますので、そういう方々に図書館に参加してもらう仲介者・ファシリテーター役も必要になります。

中軽井沢図書館の四月開館を迎え多くの夢が広がります。朗読を始め、いろいろな文化活動、図書館サービスを展開していきたいですね。今日はありがとうございました。

（二〇一三年二月　新中軽井沢図書館で）

（宮下明彦／青木裕子〔あおき・ゆうこ：軽井沢町立図書館長〕）

第2部　学校図書館・読書活動の実践

第7章　輝いています！　私たちの学校図書館

1　校長が図書館長　山田利幸

入学式の翌日には朝読書

茅野市立永明小学校（図1）は、茅野市中心部の市街地に位置する全校児童数六百三十余人の学校です。二〇一二年四月に校長として赴任しました。茅野市は全市をあげて読書活動に取り組んでいると聞いていました。前任の校長先生からも、「読書活動を学校運営の重点としているので大切にしてほしい」と引き継ぎを受けました。

赴任して驚いたことが二つありました。一つ目は、入学式の翌日にはもう全校が一斉に朝読書をしていたことです。入学したばかりの一年生も、目を輝かせて先生の読み聞かせを聴いています。もちろん二年生も。中学年や高学年の子どもたちは、一人ひとり真剣に読んでいます。読書に立ち向かう子どもたちの育ち、そして朝読書を最優先して位置づけている先生方に驚きました。二つ目は、四月の終わりの校長講話の際のことです。自作の話を作り、子どもたちに読み聞かせ、その話の「題」をつけてもらうという構想で講話をおこないました。子どもたちから寄せられた「題」とその理由のレベルの高さに驚きました。話を書いた本人（筆者）よりも、深いところまで考えているのです。茅野市と本校の実践のすばらしさと、子どもたちの育ちをつくづくと感じました。

読書や調べ活動に寄せる子どもたちの願い

図２は二年生の子どもが書いた目当てです。「ぼくは、え本をしずかにいっぱいよみたいです」と書かれ、十一人の友達と一緒に朝読書をする姿が描かれています。きっとこの子は、自分一人ではなく、友と同じ場所で同じ時間に読書をすることに喜びを感じているのでしょう。読書は一人の行為です。しかし友とともになすことでもあると思います。読書を媒介とした子ども同士（人間同士）のつながりの心地よさを、この子は感じ取っています。それを大切にしていきたいと思いました。学校での読書活動、そして学校図書館の存在価値がこの子の姿にあるように思います。

さらに、調べ学習ですが、三年生のA君は市の消防署の仕事について調べました。内容を詳しく紹介できないのは残念ですが、小学校高学年や中学生が教材として学ぶことができるようなレポートでした。A君は教科の学習での疑問について、図書館の本を活用して情報収集し、さらに実際に何日もかけて消防署を見学して、これらを自らサイクル化して調べ学習を進めていきました。子どもが本来もっている学びへの意欲とその追求力を、あらためて感じた事例です。

学校図書館長に任命される

茅野市では読書活動・調べ学習の発展を願って、二〇一二度から校長を学校図書館長に任命しています。四月の半ばに辞令を交付され、教育長が一人ひとりの校長に、「よろしくお願いします」と声をかけてくださいました。

図１　茅野市立永明小学校

図２　２年生のめあて

図３　セカンドブック手渡しの会

一学期の学校図書館経営

年間の学校図書館経営計画では、前任の校長先生の案をもとに、次の四点を経営の柱として立て、それぞれの柱をもとに具体策を決めました。

①生きる力の基礎となる読書力の育成を図る。
②図書館を活用した授業の実践を図る。
③図書館を活用した教育推進のための組織・体制づくりを推進する。
④地域読書ボランティア・家庭・学校外図書館との連携を図る。

一学期は①③④を重点化しました。

①は具体的には、「朝読書の質的向上」「読書の習慣化をめざした取り組みの充実」に力を入れました。「朝読書の質的向上」は、職員の構えと子どもたちへの支援がその要諦となります。確かに本校では、朝読書の実践も読書の習慣化もすでに日常化されていますが、職員の指導法をさらに向上させるために、司書の先生と筆者が講師になって、職員会議を利用して読み聞かせの職員研修会を五回ほどおこないました。また、「読書の習慣化をめざした取り組み」では、担任が子どもたち一人ひとりの読書傾向とその実態をつかみ直し、図書館利用の時間を中心に個別指導をおこないました。いずれも基本的なことですが、クラス替えや担任の異動などがあるので、土台を固めるうえで重要だと思います。

③については、学校図書館運営委員会の立ち上げと運営計画の作成、また、学校図書館を利用した「読む力」「学ぶ力＝調べる力」の育成のために研究の方向づけをおこない、校内研究とのリンクを図っています。特に、校長と司書の先生、司書教諭、研究主任が気持ちを一つにして同じ方向を向いていくことが大切だと思います。

これらと並行し、④として、地域読書ボランティアの読み聞かせ、読書交流会、朝読書の見学会、「読りーむinちの」（茅野市の読書活動推進団体）によるアドバイス・指導、隣接する永明中学校の生徒による小学生への読み聞かせ、セカンドブック手渡しの会（茅野市の事業、ファーストブックは出生時、セカンドブックは小学校入学時に贈呈されています）などの活動をおこないました。

一学期を振り返ってみると、図書館経営計画が明確であること、校長としてのリーダーシップ、司書の先生や司書教諭との連携、読書ボランティアの方々や外部の意見・力を積極的に受け入れること――これらが推進の原点だと思います。

二学期・三学期の学校図書館経営

二・三学期は①②を重点化しました。

①については、「読書活動の質的向上と個の子どもに応じた読書相談の充実」に力を入れました。全校と各クラスごとの読書傾向の調査と分析、そして日頃の読書活動の様子を加味して、課題を明確にしました。その結果、図書館の貸出では九類の本が多く、さまざまなジャンルへの広がりがないことや、学級間の「差」がクローズアップされてきました。解決のために、①子どもたちへの読書指導を個に即してよりこまやかにおこなっていく、②調べ学習を教科学習のなかにさらに位置づける、③担任が学級の読書活動についての見通しを明確にする、など目標を設定し、職員会議での研修や読書旬間などを通して取り組みました。子どもたちの読書カードを活用した指導の工夫や、司書の先生と連携した調べ学習を展開し、本の貸出数も一・五倍ほどに増えてきました。

②については、「授業研究とのリンク」を図り、国語、社会、道徳、生活を中心に学校図書館を利用した授業の実践を試みました。特別な構えをしなくても、子どもたちの意識に沿っていけば、授業のなかで図書館を活用できる場面があります。特に大切なのは、担任が教材研究をする際にそうした場面を意図的に設定し、子どもたちの意識の流れを大事にしながら授業を展開していくことです。また、必要な本の選定や準備では、司書の先生

との連携が要です。必要な本や冊数を市内の学校や郡内の図書館から借り入れる（パソコンでネットワーク化されています）場合など、司書の先生の力によるところが大ですし、こうしたことは本に精通しているからできることなのです。

見えてきた課題と来年度の方向

次の点が課題として見えてきました。

①学級の子どもたち全体や一人ひとりにより密着した読書活動をおこなうためには、担任が「学級の読書活動・調べ学習経営案」を作成し、より見通しをもった教育活動をおこなう必要がある。②家庭読書の広がりを図ること。やはり、家庭によっての温度差があります。「家庭読書ノート」「家庭読書交換日記」などの取り組みを研究しています。③地域の読書活動とさらに連携していくこと。学校と地域が、「読書だより」の発行などを通して、互いに高め合っていく関係づくりをしていきたいと考えています。

子どもたち、そして先生方から教えられたこと

子どもたちは、本来読書が大好きです。調べ学習などでは大人以上の追求力をもっています。また、学力の基本が読書にあることはいうまでもありません。私たちに問われているのは、子どもたちをどう支えるのか（指導）、また学校体制として学校図書館をどのように位置づけるのかなどです。学校図書館を係任せの運営にせず校長のリーダーシップのもと、全職員が協働していかなければなりません。

私は、本校の読書活動・調べ学習が自慢です。職員も心を一つにして取り組んでいます。茅野市にはこうした教育活動を支え包み込む基盤があります。茅野市が読書活動に取り組み始めて、十年以上たちます。二〇〇六年には第一次茅野市子ども読書推進計画が策定され、また、「読りーむinちの」のリーダー的な活動も十年以上続けられています。「教育の核は読書である」と教育長も述べています。こうしたなかで、本校の読書活動も生み

出されたのだと思います。

学校図書館長としての夢が広がります。読書を通して「たくましく　やさしく　夢のある子ども」（第二次茅野市子ども読書推進計画）を育てていきます。

（やまだ・としゆき：茅野市立永明小学校）

2　図書館生き生き術　上島陽子

学校図書館が学校のなかで輝くためには、授業に役立つ図書館運営でなければその輝きは発揮されません。受験勉強や部活動に明け暮れる中学校で、そのような運営をすることはなかなか厳しいものです。そこで、辰野中学校図書館では、授業に参加できるブックトークを各教科に取り入れてもらうことにしました。チャンスがあれば、どの教科のどんな単元でも挑戦しています（上島陽子『授業で役立つブックトーク――中学校での教科別実践集』〔（シリーズ学校図書館）、少年写真新聞社〕を二〇一二年に出版しました。機会がありましたらごらんください）。

それでは美術を例としてみましょう。一年生の「縄文土器を実際に作ってみよう」の事前授業で図書館の資料を使って縄文土器を調べるという企画がありました。そこで司書は、実際に辰野町から出てきた土器を見てもらおうと考え、教育委員会の専門家に相談し、貸出可能な土器を何点か借りて図書館に置きました。その際、土器の模様を作る道具も一緒に借りて、司書がその土器の歴史、そしてどの道具でどうやって模様を作ったかを詳しく教えてもらい、生徒に説明しました。生徒たちは説明後、実際に土器と道具を興味深げに触り、本物の土器のすごさを確かめていました。この授業の最初にミニブックトークを入れたのですが、それが功を奏して、翌年は教科のほうから「縄文土器と岡本太郎」というテーマのブックトークをおこなってほしい、という具体的な依頼がきたのです。このときは教科からいくつかのキーワードをもらい、それを参考にブックトークの本を選書して

図1　持ち込んだ土器

図2　説明を受ける様子

図3　2年生にブックトーク

図4　聞いている生徒たち

シナリオを作りました。内容は中学一年生にはかなり難しいものでしたが、生徒の反応はとてもよく、そのあとの授業内容も深まったということで、教諭にブックトークの力を認めていただけました。さらに次の年には、二年生の授業にも取り入れてもらえることになり、「日本の美術」の導入もおこないました。日本の美術は楽しいと思ってもらえるものを意識したところ、次の年には、同じテーマで調べ学習に発展するブックトークを、という依頼がきたのです。これこそ図書館が待っていたものです。この「調べる」につながることこそ、学校のなかで図書館が輝ける場所になるのですから。前年度のなかの何冊かを調べ学習につながるものに入れ替えてシナリオを作り直しました。いまはこの形が定着し、数年続いています。本の貸出につながるわけではありませんが、紹介した本を使ってレポートを作成している生徒を見るのはうれしいものです。

実際の様子は図1から図5のとおりです。

私は、人と人とのつながりや人がもっている知識は大切な図書館資料の一つだと思っています。そこで、町内の専門家とのパイプを太くし、その人の知識を分けてもらったり、学校図書館で一緒にブックトークに参加してもらったりしています。

司書は本の専門家ですが、一つひとつの分野では教科の教諭や専門家にかなうはずはありませんし、生徒に何かを教えるという立場でもありません。あくまで本を紹介すること、図書館を使ってもらえる環境を作ることが仕事です。この点は常に心にとめておかなければいけないと思って、仕事に向かっています。

国宝「鳥獣人物戯画・甲巻」伝・鳥羽僧正

2年2組 辰野 中太

作品データ

・この作品の所属 --- 京都府　高山寺
・時代（甲巻） --- 平安〜鎌倉時代（12C〜13C）
・この作品の大きさ --- 甲巻：30.6×1149.6cm
・画材など --- 紙本墨画／絵巻物

作家データ

・「絵者鳥羽覚猷僧正」は平安時代の絵師で伝説の戯画画家と言われている。実際、鳥獣戯画・甲巻の本当の作者は今もって不明である。

この作品の特徴と良さ

・甲巻は、兎、蛙、猿を中心に十一種類の動物が登場し、水遊び、賭弓、相撲と、動物が人間さながらに遊びを繰り広げ、最後に法会が行われる。動物達の愉快な表情は何とも愛らしく、私たちの心を捉えて離さない。秋草が生える自然の景色も、情趣豊かに描き出されている。色を使わず墨だけを用い、活き活きとした線は、当時の『白描法』の手法として、技量のレベルの高さが伺われる。また、一連の動作を一画面の中に表す『異時同図法』や投げる石のスピード感を表す『効果線』など、現代の漫画表現にもつながる表現が、今から900年も前に描かれた絵巻で使われていたことから、この作品は「漫画」の元祖」とも言われている。

〈引用：サントリー美術館 副館長 鳥獣戯画がやってきた！―国宝『鳥獣人物戯画絵巻』の全貌より〉

私が感じる作品の良さ

初めてこの作品を見たとき、古い時代に描かれたものなのに、"楽しいなぁ""分かりやすいなぁ"と感じました。言葉は何も書かれていないのに、動物達の動きや表情から、物語の場面の様子や会話が読みとれることが、この作品のすごい所だと思います。この絵巻は何ヵ所か焼失してしまったので、つなぎ合わせた時に、物語りの前後が入れかわっていたり、2通りの終り方が存在していることが分かりました。ストーリーも作者も不明という、謎めいているところもこの作品の魅力だと思います。興味のある人は調べてみて下さい。

図5　「日本の美術」レポート（教諭の見本）

ここでは美術を例にあげましたが、ブックトークのあり方はどの教科でも同じです。本当に小さな一歩から始まり、各教科の教諭が「これいいな、使える」と思ってくれたら、その教科でのブックトークの回数が増え、内容が濃くなっていくのです。こうして、授業で使ってもらっているうちに「図書館に行くのが当たり前」という雰囲気が生徒のなかに広まり、中学という忙しい年齢のときでも、休み時間やちょっとした時間に来てくれるようになります。

学校図書館ですので教科との連携が重要ですが、クラス単位での図書館利用もうれしいものです。ここで、数年前のあるクラスの実例にふれたいと思います。担任が本が好きで、本には心を揺り動かす力があると知っていたからこそ実現した例です。

このクラスが三年に進級した四月、この担任から「一年間かけて、何回かブックトークをしてほしい」という依頼がきました。義務教育最後の年に、「社会には自分とは考え方の違う人が大勢いる。そういう人とお互いに相容れない大人になるのではなく、一人ひとりが違う考えをもっていることに気づき、それはいいことなのだと思える人間として巣立たせてやりたい」というのが担任の考えでした。司書である私には、それを本を使って生徒に考えてもらうことにかなり抵抗がありました。「どこか何かが違うのでは？」という思いがありましたが、一方で、断ることもできないという思いもありました。そこで、担任が理科教諭であることに目をつけ、簡単な実験をいくつか交えて、楽しい雰囲気のブックトークを組み立てたらいいのではないかと考えました。担任の思いや気持ちは担任から自分の言葉で伝えることにしてもらい、司書は普段から紹介したいと思っていた本をそこにうまくつないで紹介すればいいのだと結論を出したのです。ブックトークは五十分授業を三回おこない、その間に朝の読書の時間などを利用して読み聞かせを取り入れながらこのプランを一年間かけて実施しましたが、これは私には宝の時間になりました。読み物の本と理科の本を一緒に紹介することはなかなか難しく、実験も何のためにしているのか生徒にはうまく伝わらなかったかもしれませんが、それでも一回ごとにクラス全体の雰囲気がやわらかくなり、それほど仲良くなかった男女の生徒たちが同じ本に触れ、笑顔で本の話に盛り上がっていく姿を目にすると、こちらも温かい気持ちになりました。何より、生徒たちと図書館の距離がぐっと近づいたことはうれしいものでした。本の貸出数最下位だったそのクラスが、最後には学年トップになったことも思いがけない効果でした。彼ら・彼女らがこれから先、何かにつまずいたり悩んだときに、この時間をふっと思い出して一歩前に進む勇気をもってくれるとすれば、それこそうれしいことです。図6と7は、そのクラスの様子です。

中学生は、自分で本を使って調べてまとめるのが意外と好きなのだということも感じています。辰野中学校では、理科で三年の最後に、各自が自分でテーマを決め、図書館の本を使って調べてレポートを作成しています。また、一年生は職業調べをレポートにまとめ、二年生は修学旅行に行く前の事前学習でレポートを作成します。どの学年も口ではいやそうなことを言っていますが、始めるとみんなむきになって調べ、イラストにも熱が入ります。なかなか自分の言葉にまとめることはできませんが、それでも一生懸命に資料と向き合います。仕上げた

図6　担任との楽しい実験

図7　生徒の実験風景

ときの満足そうな顔を見ていると、この時間の大切さを感じますし、社会に出たときにこの力はきっと役立つだろうと思います。これは大切な図書館の役目です。調べることを楽しいと思える環境を整えたいものです。

また、図書館は意外な使われ方もしています。例えば、家庭科の「手作り絵本を保育園児に届けよう」という授業では、事前に司書が「絵本の見方、絵本の作られ方」の説明を五十分かけておこない、その後何時間もかけて図書館で絵本を作成したことがありました。せっかくの絵本なので、いいものを作ってもらいたいと思いましたし、ここで絵本について知ることは、生徒が父親・母親になったときにきっと役立つだろうと力が入りました。

同じ家庭科で浴衣を縫い上げたときは、図書館は着付け部屋に変身し、家庭科の先生と二人で、汗だくで何十人もの着付けをしました。記念写真をとったあと、浴衣を着てうれしそうに職員室や事務室・保健室の先生に見せに走る姿は本当にかわいいものでした。図書館はこんな使い方をしてもいいのです。

では、辰野中学校の図書館は調べ学習や授業で図書館に空きがないかと言えば、そうでもありません。日々中学生たちが図書館にやってくるのは、教室にいるのがいやなときや、体育館へ行く元気がないときだったりします。大人のなかで育ってきた生徒は、自分と同じくらいの年の仲間と話ができないのです。そういう子たちは、私という大人と話すためだけやってきます。そして、少し気持ちが落ち着くと教室に戻ります。ただ甘えにくる子もいますが、最も多いのは、なんとなーくやってくる子です。私は、このなんとなーくこられる場所であることを大事にしたいと思っています。ですから部活関係の雑誌が多く入っていますし、音楽やアニメの雑誌も入れてあります。将棋や囲碁も置いてあります。

先日、自習の時間に「体育館と図書館と好きなほうに行っていい」という先生の言葉で、図書館を選んだ生徒が多かったと聞いたときはうれしかったですし、「図書委員になりたいけど競争率がうんと高くて」と聞いたときも同じでした。女子生徒だけでなく、男子生徒が何人か、「図書委員になれたよ」と報告してくれたのも、うれしい出来事でした。中学生たちは、本も図書館もそこにいる人も好きでいてくれていると思っています。

私は毎日、中学生たちと本当に楽しく向き合っています。調べ学習で図書館の空きがない、レファレンスが多くて手が回らない、本の貸出が忙しくて目が回るという活気のある図書館は魅力的ですが、中学校図書館は、「学校のなかで唯一自分を伸び伸びと出せ、くつろげる、そんな空間でいるのもいいな」と思いながら生徒を待っています。こちらも大切な、魅力的な図書館の姿だと思っています。

図８　館内の様子

（かみじま・ようこ：辰野町立辰野中学校司書）

3　原村の子どもたちと図書館――学校図書館と公共図書館の連携　宮坂順子

原村は長野県の諏訪盆地南東に位置し、八ヶ岳連峰の西麓、標高千メートルの緑と光あふれる高原の村です。人口は、七千八百五十人（二〇一三年三月末）。学校は原小学校と原中学校の一村一校です。

原村図書館は一九九六年八月に複合施設としてではなく、独立した図書館としてオープンしました。当時は日本の村の図書館設置率がまだ一三パーセントという時代でしたが、「原村に図書館を」という地域住民の熱い声と文化の香り高い村としての首長の思い、行政と住民とが一体となり、「生涯学習の拠点として村民に親しまれる図書館」「村民と共に育てる図書館」を目指して開館しました。一年間の貸出冊数は約十二万冊、人口一人当たりの貸出冊数は十四・四冊（二〇一二年度）。開館以来、長野県下では常に高い貸出率をキープしていて、県下第三位を保っています。

また、諏訪地域では、一九九五年から、諏訪広域六市町村（岡谷市・下諏訪町・諏訪市・茅野市・富士見町・原村）の相互協力によって、全国に先駆けた公共図書館情報ネットワークサービスがスタートしています。物流システムも整い、二〇一二年度の諏訪広域図書館間の配送冊数は、原村図書館で四万六千二百六十八冊。うち相互貸出数六千五百五十七冊・相互借入数三千二百四十九冊。諏訪地域住民の資料の有効利用と利用者の利便性向上が図られています。

学校図書館と公共図書館の連携

原村図書館がオープンしたころ、国の事業である「学校図書館情報化・活性化推進モデル地域事業」や「学校図書館資源共有型モデル地域事業」を活用して、諏訪地域の学校図書館の情報化・活性化が促進されていました。しかし、すべての地域や学校がこの事業を利用できるわけではありません。原小学校と原中学校にはきちんとした学校司書の配置もなく、原中学校では図書館係の教諭と図書委員の生徒が、限られた時間のなかで苦労して図書の選書、購入、受け入れ、装備、貸出の業務にあたっていました。図書館はどことなく薄暗く、利用も少なく、人がいないひっそりとした空間で、「図書館はまず人である。次に資料、建物である」と学生時代に学んだことを痛感しました。隣の市や町が右のような大きな事業を導入して学校図書館の情報化が進むなかで、なんとか原村も学校図書館を活性化させたい。本来の学校図書館がもっている図書館サービスを原村のすべての児童・生徒たちに目いっぱい活用してほしい……と強く思い、独自に学校図書館活性化のための予算措置をし、継続的に活性化が図られました（二〇〇一年度：原中学校図書館司書配置〔中学校・原村図書館兼務〕・原中学校図書館管理システム入れ替え、〇三年度：原中学校・原村図書館ネットワーク化、〇五年度：原小学校図書館管理システム入れ替え、〇七年度：原小学校・原中学校・原村図書館三館ネットワーク化）。時間はかかりましたが、公共図書館である原村図書館との協力と連携のもと、予算を確保し、学校図書館が人の集う明るく開かれた図書館、公共図書館からのサービスも十分に受けられる図書館に生まれ変わりました。

①公共図書館からの各種サービス

学校図書館は公共図書館から多くのサービスを受けています。

ⓐ団体貸出：原村図書館団体貸出カードを小・中学校、各学年一枚ずつ発行し、一枚のカードで百冊まで一カ月間、本を借りることができます。ⓑリクエスト制度：学校の予算では買えない高価な本やシリーズ本を原村図書館にリクエストして借りることができます。ⓒ総合的な学習の時間：生徒たちが、学校図書館、学校のパソコン教室、そして原村図書館にそれぞれ分散して学習する場面もあります。ⓓ原村図書館で学習する生徒は、資料の複写の無料化。ⓔ調べ学習用のインターネットパソコンの利用と、司書によるレファレンスサービスを直接受けることもできます。ⓕ学校帰りの生徒たちが宿題や勉強をするための学習室も開放してもらっています。

②ネットワーク化の成果

学校図書館と公共図書館がネットワーク化されると、学校図書館から直接、資料検索や予約ができるようになるので、子どもたちは学校図書館にいながら十万冊の資料から自分が学びたい資料を検索し、手にすることができます。この相互貸借システムによって、学習に必要な資料が短時間で手元に届き、より多くの情報・資料を活用した調べ学習が可能になりました。生徒たちは検索用のパソコンを使って、原村図書館と原小学校図書館の資料を気軽に検索することができます。必要な資料は司書がすぐ予約し、早ければ翌日、予約本が生徒の手元に届きます。以前は学校図書館の限られた蔵書での学習だったため、もう一歩踏み出して調べたい生徒も消極的でしたが、現在は、生徒の意識が自然と「そうだ、原村図書館なら、ほかにも本があるかな?」となり、公共図書館の資料を検索し、予約を活用しています。放課後、原村図書館に立ち寄り、その日のうちに調べる生徒もいます。より多くの資料を使っての学習は、読み比べができ、生徒の読む力・考える力を広げます。そして何より、生徒自身が何かを調べ理解すること、知ることの楽しさを実感しているようです。また、学校図書館では複本購入が難しく、一冊の本をみんなで共有して利用していましたが、公共図書館との相互貸借によって、少人数で資料を活用することが可能になりました。

学校で学ぶ誰もが情報や資料を短時間で公平に入手できる環境が整備されたことは、大きな成果です。もちろん、本を子どもに手渡すのは司書で、原村図書館から借りた本を生徒の手元に運ぶ役目は司書が担当しています。小さな村の学校・公共図書館兼務の司書は、こんな場面でも有効活用されています。

図書館の仕事は、子どもと本・資料とをつなげること、生徒が求めている一冊の本とその生徒を結び付けることが司書の役割であり、最も大切な仕事だと思います。学校司書配置とネットワーク化には本当に感謝しています。

またこの連携は、学校図書館と公共図書館が個々の図書館として運営されていくのではなく、資料と情報を共有する、「原村の図書館」として動きだすきっかけを作ったと感じています。このネットワークは、原村の財産である一冊の本を共有化し、より多くの人に有効に活用してもらうためのシステムでしたが、その一方で、学校図書館と公共図書館の壁を超えた、人と人とのネットワークをも作り出しました。職場の担当者が常にアンテナを高く伸ばして、子どもたちにとって本当に必要なことを素早くキャッチし、発信・発言し続けていけば、少しずつではあるものの必ず形になること、そして、人が動けばほかの人も動き、図書館が変わることを学んだように思います。

原村図書館と読書ボランティアとの協働

原村図書館は近くに保育園と小学校、中学校があるため、平日の午後、学校帰りの児童・生徒、保育園の迎えのあとに立ち寄る親子たちでとてもにぎやかです。特に子どもたちにとっては生活に密着した身近な施設であり、学校帰りに、まるでわが家に帰ってきたかのような気軽さと親しみをもって図書館に飛び込んできます。

図書館オープン当初から児童サービスには特に力を入れ、子ども読書活動推進のために、五つの図書館ボランティアの参画を得ています。おはなし会を中心に図書館まつりやクリスマス会、セカンドブックなど、今日まで図書館の児童サービスを支え、原村図書館にはなくてはならない存在です。これまでの行政主導の村づくりから原村が目指す住民参画に基づく「公民協働の村づくり」の一端を担っています。

しかしその一方で、日々図書館を利用する子どもたちに目を向けると、子どもの読書離れ、おはなし会への参加の減少、図書館イコール自由空間、図書館でのマナー意識の欠如など、本来の図書館利用から離れている子どもたちの姿が見られ、気がかりでした。

学校と連携しての利用指導もおこないましたが、なかなか子どもの姿は変わりません。それでも、子どもたちにとって図書館は何か居心地のよい、よりどころになる居場所なのです。もっと言えば、図書館が日々の生活の場所なのかもしれません。そんな子どもたちがマナーを含めて自立した大人になるために、本の世界の魅力を知り、読書を楽しみ、そして子ども自身がよりよく生きていくために、図書館が援助できることは何でしょうか……。図書館を十二分に利用してもらうためには、図書館員が外からただ声をかけているだけでは意味がありません。一歩子どもたちのなかに入り、投げかけ、きっかけを作り、図書館の内側から関わってもらおうという思いから、「子どもとしょかんボランティア」を立ち上げようと試みました。

子どもとしょかんボランティア〝のこのこ〟

「子どもとしょかんボランティア〝のこのこ〟」は二〇〇七年四月からスタートし、小・中学生を中心に、現在十八人で活動しています。活動の内容は、図書館職員によるおはなし会（おたのしみ会）とボランティアグループによるおはなし会の協力です。また、毎年四月二十三日の子ども読書の日おはなし会では、企画、準備、運営、実演までを担当し、六月の図書館まつりは、二日間手弁当で参加し、大人の図書館ボランティアと協力して活動しています。特におはなし会では、司会や絵本の読み聞かせ、紙芝居の実演まで担当します。子どもたちは、みんなの前に立って自分を表現するのが大好きです。

二〇一二年度のクリスマス会では、原中学校図書委員の一年生が図書館ボランティアとして、絵本『ぐりとぐらのおきゃくさま』（なかがわりえこ／やまわきゆりこ、福音館書店、一九六七年）の読み聞かせを担当しました。小学生とはまたひと味違う落ち着いた読み聞かせに、小学生ボランティアの子どもたちがじっと耳を傾けている姿が印象的でした。読み聞かせをした中学生の両親が、「娘には、来ないで、と言われていますが、どうしても見たくて写真を撮りたくて……」と、そっと会場の後ろから入って、娘さんの読み聞かせを聞いていました。

子どもボランティアの活動は、自然に子どもが子どもを呼び、仲間を呼びそして家族を呼ぶ。そんなすてきな光景にたくさん出会うことができます。保育園の年少の娘さんと一緒に図書館のおはなし会に毎回来てくれる、あるお母さんは、「うちの子は小学校に入ったら、としょかんボランティア〝のこのこ〟に入るのが夢なんです。〝のこのこ〟さんにあこがれているんです」と笑顔で話してくれました。小さな子どもが、先を歩いている先輩の姿を見て夢をふくらませる。これは大切にしたい思いです。読み聞かせを中心とした図書館での活動がやさしい波紋になり、さまざまな人を巻き込んで活動の輪が広がっています。

図書館という場所が、子どもが育つ場所、子ども同士で育ち合う場所になることができるとしたら、こんなにうれしいことはありません。

原村の子どもたちは村の図書館という小さな場所で、あるときは一利用者として、誰に強制されることもなく自由に本と出会い、静かに読書をし、心豊かな時間を過ごします。そして、ボランティア活動を通して、それぞれが楽しみながら図書館と関わったことが、やがて成人し、豊かな人生を送るための道しるべとなり、図書館が生涯にわたる学びの場となることもあるでしょう。

そんな子どもたちや原村に住む住民一人ひとりに支えられ、人と関わりながら、図書館もまた変化し成長し続けることが必要です。これからも、人も図書館も共に育ち合える図書館、子どもの声が聞こえ、届く図書館を目指していきたいと思います。

（みやさか・じゅんこ：原中学校図書館・原村図書館司書）

4　振り返りができる読書活動の取り組み　望月美江子

学校図書館勤務十八年のうち、二〇一一年春に異動するまでの前任校での十六年間は、一九九七年の学校図書館法改正、学習指導要領の改定に伴う二〇〇〇年の総合的な学習の時間の創設、学校図書館管理システム導入、そして読書活動推進の動きの活発化と、学校図書館にとって大きな変化の集中した期間でした。

前任校は全校生徒およそ百七十人から二百三十人、六学級から九学級の小規模校で、こうした変化に中心となって対応していくべき司書教諭が、市内で唯一任命されていませんでした。そのため、児童が十分な指導を受けられないまま中学校に進むことになってしまうのではとの懸念があり、学校図書館職員（以下、司書と略記）が司書教諭的視点をもって、先生方へ指導に必要な情報を提供していく必要があるのではないかと考えていました。

そこで、さまざまな角度から読書活動の状況を見てもらえるように、各種帳票（学級別の月別・分類別利用数、利用分布表、個人別分類別利用数）と、各児童の読書内容がわかる「読書活動一年間のまとめ」を集約したものを提供していました。

「読書活動一年間のまとめ」の取り組みは、購入図書選定の参考にできればと考えて、子どもたちの読書傾向把握のために始めたのがきっかけでしたが、長期間同一校に勤務できたことで、見直し・修正を重ねて一定の形にすることができました。

実践の様子

着任当時、図書館の時間は週一時間確保されてはいましたが、毎時間利用されるとはかぎらず、たとえ利用されてもいわゆる「自由読書」で、その評価は利用冊数が根拠になっていました。そうした状況を見ていくなかで、授業としておこなわれているのに読書の内容にまで踏み込んだ指導や評価がされなくてもいいのか、一人ひとりの読書履歴に、借りていく本だけでなく館内読書の本を含めなくてもいいのか、という二つの課題が見えてきました。

この課題を解決していくためには、児童一人ひとりの読書内容を把握しなければなりません。その手段としてまず、館内読書の本も借りた本と区別しながら一緒に記録できるように、貸出カードの形式を手直ししました。児童は貸出用図書の手続きをしたあと、館内読書用図書を選んでカウンターで館内用の手続きをし、授業終了時に返却手続きをするようにしました。利用統計では二つを区別して集計し、クラス別・全体の利用状況がわかるようにして、児童別の利用数とともに各担任に利用状況の簡単な説明を加えながら手渡しました。

そして、カード（二十冊記入）が一枚終わるごとに、そのなかから〝おもしろかった本〟〝友達に紹介したい本〟を一冊ずつ選んで印をつけることにし、選んだ本を児童別にリスト化したうえで、学年単位と全校単位で集計したお勧め本リスト（司書作成）を各担任に配布する一方、本選びの参考にできるように館内にも掲示しました。

この取り組みをしていくなかで、児童別・学年別・全校の各リストからそれぞれの読書活動の傾向を読み取ることができることに気づき、これを読書指導に役立てることはできないかと考えるようになりました。

そこで次に、学年末最後の図書館の時間をもらって、「読書活動一年間のまとめ」をおこなうことにしました。

まとめ用紙を用意し、児童には①〝おもしろかった本〟〝友達に紹介したい本〟リスト(司書作成)をまとめ用紙に貼り、②貸出カードに記入されたすべての本のなかからお気に入り図書ベスト5を選んで、分類・書名・著者名を記入してもらいました。

そして、司書が①児童ごとのお気に入り図書ベスト5リストの作成、②まとめ用紙への年間利用冊数記入と児童ごとのカードとまとめ用紙を綴じ込んだ「読書の記録」の作成、③各リストと児童一人ひとり・学年・全校の年間利用状況を添えて「読書の記録」を担任に手渡し、「読書の記録」の各児童への返却をお願いしました。

また、入学時からの利用数を把握できた六年目ごろからは、卒業生には小学校で読んだ本の冊数の記録も添えることができました。

こうしたなか、二〇〇一年度には図書館システム導入の検討がなされました。システム導入に伴って貸出カードを廃止するところもあるようですが、カード記入をすることで児童自身が利用する本について意識できる点を重視して使用を継続することにしました。

館内読書の記録とカウントについては、一人一コードではシステム内で区別して対応することができなかったため、貸出用・館内読書用の二コードを与えることで継続できるようにしました。

また、システム内に児童ごとの分類別利用状況がわかる帳票があったので、かねてから必要性を感じていた個人別分類別利用状況を各担任に手渡すことができるようになりました。

児童・保護者、先生方の反応と成果

館内利用図書も記録・カウントしたことによって、

①手に取った図書を調べ学習に使った図書も含めてすべて記録することで、自身の読書状況全体を把握することができる、

②短時間で読めてしまう図書を館内読書にすることで、借りていく図書をより適切な図書にできる、

③読んでみたいが借りるかどうか迷ってしまう図書や、普段手を出せないでいる図書の試し読みができ、記録しておくことで次回以降に借りるための参考にしたり、現時点でレベルが上の図書については、「○年生になったら読めそう」と新たな目標にしたりできる、
④返却図書を忘れたために借り替えができない児童も、記録を残せるのでしっかり読書活動ができる、
⑤館内読書の図書にも大人の目が届くようになり、充実した読書の時間にすることができる、
といった成果が得られました。

カード一枚ごとに〝おもしろかった本〟〝友達に紹介したい本〟を選ぶことで、二十冊ごとの短期で見返しができるようになりました。二冊を選ぶときの児童の様子からは、二十冊の本それぞれの内容を思い出していることがうかがえました。〝おもしろかった本〟には比較的楽しい本、軽めの本があがり、〝友達に紹介したい本〟には、その子なりにちょっとよそいきだったり、少し背伸びをしたり、内容的に深さがあるものだったりといった本があげられる傾向が見られました。また、何度も同じ本を選んだり、どちらにも同じ本をあげたり、一枚に三冊以上お気に入りがあって絞りきれず、次のカードでもう一度借りてまで印をつけたりする児童などもいて、この二冊を選ぶという行為が自然と自身の読書活動の見返しを促し、目当てをもって読書することにつながっていると実感することができました。

当初は児童が面倒がるのではないかという不安もありましたが、実際にはカードが終わりそうになると「○つけていい？」「○つけといたよ」と児童のほうから声をかけてくることが多くなり、子どもたちなりに楽しみにしていることも感じられました。

一年間のお気に入りベスト5を選ぶ活動からは、改めて一年間の長期で読書活動を見返すことができ、次年度の読書の目当てを見いだしている姿が見られました。その際、カード記入が不十分でスムーズに選ぶことができず、該当図書を書架まで行って再確認しなければならなかった児童がいましたが、次からしっかりカード記入をするようになるといったケースも見られ、図書館利用の姿勢を見直すことにも役立っていました。また、読書の

面白さに気づいたと思われる児童のなかには、五冊に絞りきることができず、さらに多くのお気に入り図書リストを作る児童もいました。

活動全体を通してみると、振り返りを取り入れた活動を続けるなかで、自分なりの目当てをもって読書活動を進めることができるようになっていく児童が見られました。

読書活動の見返しの状況を見られたことで、読書の時間や読書への取り組み方について、借り替えにあてる時間と集中して読書する時間の目安や借りる本の組み合わせなどの具体的な指示が担任の先生から出されたり、レベルアップにつながる図書やなんらかのテーマに沿った図書の紹介を先生方から依頼されたりすることが増えるなど、読書指導の内容にも多くの変化が見られました。

また、返却された「読書活動のまとめ」を通知表と同じように大切に保管してくださる保護者が少なくないこともわかり、振り返りの効果を感じることができました。

今後の展開に向けて

この実践は児童の読書状況を把握した読書指導や、児童が自身の読書内容を振り返り、読書レベルに応じた目当てをもって読書活動を進めていくための一つの手段と言えます。

しかし、リスト作りや集計などにたいへん手数がかかるため、小規模校では実施できても、それより規模が大きい学校では無理だと感じていて、異動後の実施はあきらめていました。

ところが、新学習指導要領では読書活動により力が入れられ、幅広い分野の読書が求められていますし、四年生では自分の読書活動を振り返る単元も設けられていることから、日頃からこうした実践を継続的におこなうことが必要になったと感じています。

そこで、大規模（二〇一二年度二十七学級）の現任校でもできることから取り組んでいくべきではないかと考え、カードの形式変更（ファイル利用）や記入方法の修正をしながら導入の検討を始めています。館内読書の図書の記録・カウントは児童数とシステムの許容範囲などの検討が必要で、実施は難しそうですが、カード一枚ごとの短期の見返しは、事前に記録用紙をファイルに綴じ込んでおいて児童自身に記録させる方法をとることで、年間ベスト5を選ぶ長期の見返しは、まとめの時間をとることで実践できるのではと考えています。

現在、生きる力としての情報活用能力の習得が求められていて、読書能力はその基礎となるものです。図書館が子どもたちの読書活動状況に関する情報を提供していくことが、読書レベルに応じた読書指導につながり、子どもたちが自身の読書活動を見返し、目当てをもって読書活動を進めていくことで、読書能力が向上していくのではと考えています。

最近、ウェブ上や図書館システムのなかで、読書履歴を記録する「読書通帳」や読みたい本リストを作成できる機能を提供しているケースをしばしば見かけるようになりました。学校図書館を利用するなかで、そうしたものを活用して、生涯を通じて読書活動をしていくための基礎を身につけていってもらえたらいいなと思っています。

（もちづき・みえこ：小諸市立美南ガ丘小学校図書館事務）

5　ブックトークで授業支援――蓼科高校の場合　蓬田美智子

蓼科高校では、二〇一〇年から年間を通して、ブックトークによる授業支援に取り組んでいます。一二年で実施三年目となりました。単元学習の終わり、あるいは授業導入の際に司書がブックトークをおこなって生徒の興味・関心や知識を広げるのが目的です。一回のブックトークで七、八冊程度を紹介し、だいたい二十分から三十分を目安として実施しています。一年目は十七時間ほどの実施でしたが、二年目は三十時間、そして三年目の一二年は十二月の時点で一一年度の実施時間を超えました。実施している学年と教科は、全学年で英語・国語・福祉・社会・ホームルームなどです。

なぜ蓼科高校は授業支援ブックトークを始めたのでしょうか。蓼科高校はいわゆる「地域高校」と呼ばれる一学年三クラスの小さな学校で、全校生徒の顔と名前がわかる、生徒と職員の距離が近い学校でもあります。本好きな生徒は結構いて、少し工夫すれば図書館に足を運んでくれる子も少なくありません。ただ残念なのは、読書傾向が一定で、幅がなかなか広がっていかないこと、また「本なんか絶対読まない！」という層も一定数いること、そしていちばん大きな問題は、「地域高校」であるために学力差がそのまま読書体験にもつながっていて、本を読んで得られる知識の発見や新しいことを知る喜びを経験したことがない生徒たちが少なからずいることです。どうすればこの子たちに本を読む楽しさや発見するわくわくさを感じさせられるのだろうか——それが、この学校に赴任してからの筆者の課題でした。図書館で本を用意して待っているだけでは、この課題を解決できそうもないということも痛感していました。そこで、解決の方策の一つとして考えたのが、授業内容を支援する「ブックトーク」でした。「ブックトーク」によって、普段本に接することが少ない生徒たちにも幅広い資料に接する機会を与えるというやり方です。「ブックトーク」がもつ力がこの課題の突破口になるかもしれないと思ったのです。

もともと蓼科高校では、読書旬間中に全職員（司書も含めて）が各ホームルームに出かけて読み聞かせをしたり、ブックトークや語りのようなことをしたりしていて、その際の生徒たちの反応がかなりいいこともわかっていました。また、地域高校のいいところとして、授業進度にはあまりこだわらず、基礎知識の定着に主眼が置かれているということもあります。そういう背景を考えて、ブックトークを授業に取り入れることに抵抗感をもつ先生方は少ないだろうと思いました。

そこで、職員向けの「図書館だより」で「授業で出前ブックトークします」というお知らせを出してみました。すると、英語科の教諭から「授業でブックトークをぜひお願いしたいのだが」という申し込みがあり、その先生と二人三脚で授業支援ブックトークを始めました。その効果は予想以上だったようです。先生に感想を尋ねたところ、こんな答えが文章で返ってきました。

（補足）プリントを読むとそれで完全に完結してしまって、生徒自身が自分で何かを考えたり、そこから先に進んだりという姿勢が全く見られなかったことに対する何かが足りないという気持ち。それを解決してくれるのでは、と思わせてくれたのが「ブックトーク」でした。「いつもとは少し違う授業」、「生きた言葉で語りかける授業」……。生徒はどこに魅力を感じているのかと考えると、色々な答えが頭に浮かびます。どれが正解ということもないでしょうが、「ブックトーク」が生徒を惹きつけていることだけは間違いありません。

司書も手ごたえを感じていましたので、この感想はそれを後押ししてくれるものでした。その先生にもお願いして、「ブックトークいいよ」と校内で宣伝をしてもらい、司書からも宣伝しながら少しずつ実施教科を増やしてきました。

授業支援ブックトークは次のようにおこなっています。まず担当教諭とブックトークをするクラスの子どもたちの様子（学力の度合い、集中できる時間など）と授業内容を確認しながら、授業目的にどう沿った資料を紹介してほしいかの打ち合わせをします。その後、それに応じて司書が組み立ててみたブックトークを一度簡単に見てもらいます。それに対して、授業担当者から「資料が難しすぎる（簡単すぎる）」「（この資料は）授業目的からはずれているのでは」などといった意見を言ってもらい、その後もう一度、司書が組み立て直して本番に臨んでいます。できれば一回のブックトークに二週間ぐらいの準備時間をもらえるように頼んであるので、ほとんどの先生は授業の進み方を見ながら、早いときは一カ月前ぐらいから予約してくれます。

複数の教科で使ってもらえるようになったいま、ブックトークの内容も多岐にわたってきました。国際問題、人種差別、あるいは古典文学を取り上げたり、修学旅行の平和教育だったり、老いや福祉についてだったりと、本当にさまざまです。正直なところ、ブックトークの依頼が重なると、ほかの仕事が手につかないぐらい資料探しに奔走しなければなりません。自校の資料を読み込むという仕事も増えました。おかげで資料構成のアンバランスさに気づかされたり、資料の不足をいままで以上に痛感したりすることが多くなっています。相互貸借で他校から資料を借り、自校で足りない分を補って、なんとかブックトークをやっています。また、高校で一クラスを相手にブックトークするには結構体力と気力が必要です。高校生ともなると、全員がそろって目を輝かせてこちらを見るなどということはありません。最初から「まったく聞く気はないよ」という雰囲気を漂わせる子や、とにかくなんにでもツッコミを入れたがる子、「とりあえず授業でなければなんでもいいよ」と言いたげな子など、一筋縄ではいきません。たった一冊でもいい、横を向いている子にこそ「こんな本があったのか」と思わせたくて、本選びを頑張る毎日です。全員が聞かなくてもいい、全部の本が心に残らなくてもいい——そんな気持ちで取り組んでいます。

生徒の反応ですが、特にいまの三年生は一年生のときから途切れずにいろいろな教科でブックトークをやっているので、とても自然にブックトークを受け入れてくれるようになりました。図書館にめったに足を運ばない男子生徒が、私が本を抱えて教室棟を歩いていると「今日はブックトークするの？」と声をかけてくれたり、女子生徒が「うちのクラスは今度いつするの？」と聞いてくれたりします（基本的に、授業支援ブックトークは教室でおこないます。あくまでも授業の一部という感覚を生徒にもってもらいたいため、また、図書館でおこなうと余計なものに目がいって生徒の集中力が切れやすいため、という二つの理由からです）。本とはまったく縁がないような生徒たちから自然に「ブックトーク」という言葉が出てくるのは、なんとなくうれしいものです。

それから、もう一つうれしかった発見があります。生徒たちは絵本を読んでもらうのが大好きです。それまで気がそれているなあと感じている場合でも、絵本を取り出したとたんに、みんなの視線がこちらに集中します。それこそ、こちらが緊張するぐらいです。それがわかったので、ブックトークのなかに基本的には絵本を一冊入れるようにしました。

小・中学校でのブックトークの場合のように、高校では、紹介した本がすぐに全部動くなどという、夢のような光景は広がりません。でも、八冊紹介したら、数冊は借りられていくといった光景がだんだん見られるようになりました。また本は借りなくても、ブックトーク後に図書館に生徒がやってきて、「さっき紹介してくれた本だけどさあ……」と、感想を含めたよもやま話をしてくれたりします。こんなふうに本の貸出や読書の好き嫌いとは関係なく、気軽に生徒が図書館に立ち寄るようになったことも収穫の一つです。図書館は本好きな人がいくところという生徒の固定観念を、少しは取り払えたのかなと感じています。

高校の図書館にいると、生徒からよくこんな言葉を聞きます。「小学生のときはたくさん本を読んだよ」とか「小学校で先生にこんな本を読んでもらって楽しかった」と。「じゃあいまは?」と聞くと、「いまは本を読んでいる暇がないから」という言葉が返ってきます。確かに高校生は忙しい毎日を送っています。勉強はもちろん、部活、アルバイト、友達との付き合い（メールやSNS）、携帯ゲームや好きな音楽など。そのなかのどこかに「読書」というものを入れたいと思いますが、これがなかなか難しいのです。でも同時に、高校生は本を読むことが決して嫌いではないということも、カウンターにいて感じています。チャンスさえあれば、また興味が向けば、本を手に取ることをいやがる子は少ないのではないかとも思うのです。そんな子たちのためにも、ブックトークという手法はとても役に立つと実感しています。

普段は本棚の奥で眠っている本や、中身はいいのに地味でなかなか生徒が手に取らない本、カバーが魅力的なのに本棚ではそれを見せられない本など、生徒が気がつかなかった本を並べて見せられるのがブックトークです。もしかしたら出会えなかったかもしれない本と生徒を結び付けられるブックトーク。たった一冊の本と出会えることで知らなかった世界が開け、それが生きていく支えになることもあります。高校時代に出会った本が彼らの生きる力の一つになってくれることを信じて、これからも授業支援ブックトークを続けていきたいと思っています。

最後に、いままでおこなってきたブックトークの事例のなかから一例を紹介します。

「平等に生きる権利」

黒人差別を扱った単元に入る前に、事前知識として差別とはどういうものか、大きなものから始めていって、最終的には黒人差別の問題に集約し、黒人差別の実態や公民権運動の母と呼ばれるローザ・パークスについての知識をもたせてから授業に入りたい、という教科担当者の希望でおこないました。

実施授業　英語一年

紹介した本一覧

・池田香代子再話『世界がもし100人の村だったら』C・ダグラス・ラミス対訳、マガジンハウス、二〇〇一年

・遊タイム出版編『貧しい国で女の子として生きるということ――開発途上国からの五つの物語』遊タイム出版、二〇一〇年

・キャシー・ケイサー『ちいさな命がくれた勇気――ナチスと戦った子どもたち』高橋佳奈子訳、主婦の友社、二〇〇六年

・ジュリアス・レスター文、ロッド・ブラウン絵『あなたがもし奴隷だったら…』片岡しのぶ訳、あすなろ書房、一九九九年

・レッグ・グラント『人種差別』野宮薫訳（「〈調べ学習〉激動二十世紀の真実と二十一世紀への課題」5）、星の環会、二〇〇〇年

・清涼院流水『キングインザミラー』ＰＨＰ研究所、二〇一〇年

・猿谷要『キング牧師とその時代』（ＮＨＫブックス）、日本放送出版協会、一九九四年

・オバマ述、『CNN English Express』編集部編『オバマ大統領就任演説』朝日出版社、二〇〇九年
・ニッキ・ジョヴァンニ文、ブライアン・コリアー絵『ローザ』さくまゆみこ訳、光村教育図書、二〇〇七年
（読み聞かせ）

（よもぎだ・みちこ：蓬科高等学校学校司書）

第8章　これからの読書活動

1　読み聞かせグループ　聞き手：小林正代

ふるさとおはなしたいむ――長野市立古里小学校の読み聞かせ

長野市立古里小学校には「ふるさとおはなしたいむ」という読み聞かせの時間があり、子どもたちは月二回のこの朝の二十分間を楽しみにしています。年間十九回、一年から六年まで全二十一クラスにボランティアが入っています。

学校司書の山川とし子さんに話を聞きました。

①「ふるさとおはなしたいむ」がはじまるまで

小林正代　山川さんが古里小にきて何年になりますか？

山川とし子　一九九七年から正式に入りましたから……。

小林　じゃあ、一、二、三、……もう十六年ですね！

山川　そのころは全国的にも学級崩壊があちこちで問題になっていて、私なんか六年生が図書館に来ると怖くて隠れてましたよ。ドアはバアーンと開けるわ、本棚の上に寝転ぶわ……。

小林　図書の時間には図書館で読み聞かせはしていらっしゃったんですよね。

山川　担任との話し合いで、できるクラスにはしていました。

②「ふるさとおはなしたいむ」のはじまり

小林　二〇〇〇年の子ども読書年をきっかけに、全国で読み聞かせについての関心が高まりました。ボランティアが学校に入るようになったきっかけは？

山川　以前から知り合いだったボランティアコーディネーターの渡辺悦子さんから、社協〔社会福祉協議会〕の「朗読ボランティア講座」を受けた方たちを古里小で受け入れてもらえないかというお話をいただいて、修了式の発表を見学に行きました。学校にはかって私がコーディネーターになることも含めて了承してもらい、一年生三クラスに入ってもらいました。

二〇〇一年にはそのボランティアさんたちにＰＴＡも同好会として加わって、ほぼ現在の形で一年から五年までのクラスに入るようになりました。

そしていよいよ二〇〇二年に「ふるさとおはなしたいむ」という名称が決まり、メンバーも増えて、一年から六年まで全クラスに入るようになったのです。

③コーディネーターの大切さ

古里小では司書の山川さんがコーディネーターとして、ボランティアと学校の間の調節役になっています。年間計画、クラス割り、欠席の際の調整、反省会のとりまとめ、選書の相談などです。

小林　ボランティアのみなさんは、山川さんがいらっしゃるから続けられるとおっしゃっています。

山川　本当にいい方たちにきていただいて感謝しています。みなさん、謙虚な姿勢で、ご自分の意志で、お互いに支え合って続けていらっしゃいます。

コーディネーターは学校にボランティアを受け入れるうえでとても重要です。介護のケアマネージャーと同じで、本のことを知っている人でないとできません。

小林　そうですね。読み聞かせはほかのボランティアとは性質が違います。子どもたちの前に立つ前の選書が大変。一回や二回ならなんとかなっても、続けていくには常に勉強しなくちゃいけません。みんな司書に相談したいんです。それができる体制じゃないと続きませんね。

山川　私は転勤がないからずっとその子を見ていられますけど、その子にどんな本を与えるかで六年間が全然違ってきます。特に最近は、子どもたちが幼くなっていると感じます。心が育っていない。『マッチ売りの少女』に感情移入できなくて笑いだすの。生まれてからずっとゲーム漬け。家庭でもせめてごはんのときだけは、テレビを消して会話してもらいたい。このままでは宇宙人になっちゃう。

小林　その意味でもPTAのみなさんに「おはなしたいむ」を知ってもらいたいですね。同好会になってるんだから。若い人が一人でも二人でも参加してくれないと、ボランティアもみんなOBになっちゃって、高齢化しちゃう。細く長く続けていくことが大切だと思います。

山川　古里小で読み聞かせをしてもらった子たちが、今度は親や教師や保育士として子どもたちに本を読んでくれるといいですね。

お父さんたちの読み聞かせ――おとこぐみ

長野県中野市には読み聞かせボランティアとしては珍しい、お父さんたちの読み聞かせグループがあります。その名も「おとこぐみ」。このグループの生みの親、小島佐和子さんに話を聞きました。

④「おとこぐみ」ができるまで

小林　そもそも小島さんが読み聞かせを始めたきっかけは何だったのですか？

小島佐和子　中野市には三十年も前から読み聞かせの会がありました。当時はまだ土曜日は半日学校があったころで、午後に市立図書館で、保育士さんたちを中心におはなし会をしていました。小学生が来ていましたね。

また、地域と学校に母親文庫があって、読書会をやったりしていました。県立図書館から団体貸出をした本を回覧して、私も子どもと本を読んでいました。そのころ〔一九八〇年頃〕松本に児童書専門店「ちいさいおうち」ができて、姉が松本にいたので連れていってもらって、子どもの本もいいなあと思いました。

だんだん図書館での読み聞かせの需要も増えてきて、二〇〇三年に読み聞かせの会「おはなし♡びっくりばこ」を立ち上げました。メンバーは男二人、女二人。本が好きそうな人に声をかけました。男二人を「おとこぐみ」って名前にしたのです。

⑤おとこぐみの活動

小林　いま、「おとこぐみ」は何人ですか？

小島　六人です。三十四歳から六十一歳まで。

小林　みんなお父さん？

小島　三十四歳の人は未婚で、優しいお兄さんという感じです。

小林　よくそんなに集まりましたね。

小島　お父さん同士で誘い合って増えました。年間四十五回ぐらいやってます。

小林　えっ！　そんなに？

小島　図書館、児童センター、子育て支援センター、障害者福祉施設、重度障害児施設、学校の読書週間。もう年間計画に入っていて、二人ずつ割り振ってやってます。

小林　平日ですよね？　お仕事は？

小島　自営業の人もいるし、サラリーマンでも時間休とって。数十分だからできています。勉強会も月一回やっています。対象年齢に合わせた選書や読み方がありますからね。

⑥お父さんの読み聞かせの魅力

小林　お父さんの読み聞かせの魅力って何でしょう。

小島　それは、やっぱり声ですね。男の人の声。うちはパフォーマンスはできないのですがね。

小林　お父さんたちの読み聞かせって、よくギター弾いたり、歌ったりしますよね。そういうのじゃなく、もうオーソドックスに？

小島　子育て支援センターではお母さん方が「いいね～」って。

小林　おうちでもお父さんに読んでって、勧めてくれるかもしれませんね。

小島　退職したら入りたいっていう方もいます。本当は各家庭でと思います。

二〇〇八年には、読書コミュニティネットワーク主催の「第四回読み聞かせボランティア大賞」奨励賞を受賞しました。女性が圧倒的な読み聞かせボランティアのなかで、地道に活動を続けている男性たちへの心強いエールになりました。

「飲みにケーションやお茶会でさまざまな話をしたりもあって続いているのかも」という小島さん。まとめ役の小島さんの存在が大きい（怖い？）のでは……と推測できます。

何より、おうちでお父さんやおじいちゃんが自分を膝に乗せて本を読んでくれたら、子どもたちはどんなにうれしいでしょう。男女を問わず、読み聞かせは大人にとっても子どもたちとの幸せなひとときです。「絵本なんて女・子どものもの」といった先入観をふっとばすためにも、ぜひ「おとこぐみ」のみなさんには、これからもずっと絵本の魅力を伝える読み聞かせを続けてほしいと期待しています。

（こばやし・まさよ：長野県図書館協会事務局「ふるさとおはなしたいむ」でのボランティア歴十一年）

2　ブックトークの可能性を信じて　小林いせ子

いま、子どもたちを取り巻く環境は、読書よりも楽しく、そして、それが簡単に手に入るものであふれています。楽しいものに興味を示す子どもたちに、「本の世界の楽しさ」を知ってもらうにはどうしたらいいのか。三十年以上も「本」という手段で、「読書推進」の活動を続けている筆者にとって、これは大きな課題の一つでした。

「読み聞かせ」をしてもらうことで本の世界を楽しんできた子どもたちが、一歩進んで、「ひとり読み」という「自分から本を選んで読書をする子ども」になってほしい。そのためには、子どもたちに「心を動かすさまざまな楽しい本がたくさんあること」「本を読むことはこれから生きていくうえで、心を豊かにしてくれる大きな存在であること」などを理解してもらうとともに、さらに、筆者も含め読書活動に関わる人々が、子どもたちと本を結び付ける活動をもっと進めていく必要があるのでは、と常々感じていたのです。

そのようななかで最近、子どもと本を結ぶ効果的な解決策の一つとして、集団の子どもたちを対象に何冊かの本をテーマに沿って紹介する「ブックトーク」が話題になってきました。

筆者は現在、八人のグループでブックトークの勉強会を続けながら、小・中学校などで実際にブックトークをしています。今年一月と二月にある小学校で会員がブックトークをしましたが、終了後、紹介された数冊の本に対し、子どもたちが興味をもち、ほぼ全員が本を手に取りに集まってきました。

「読み聞かせ」「紙芝居」「ストーリーテリング」など、さまざまな方法で子どもたちに楽しい読書が提供されています。しかし、子どもたちにとって受け身の読書ということではなく、私たちが読んでほしい何冊かの本を紹介（コマーシャル）し、手渡すことで、子どもたちがその本のなかから自発的に読みたい本を選び、読むことにつながる、ブックトークという「読書への促し」は、読書推進活動の大切な手段（役目）の一つになっていくと思われます。

実践例を通して

ブックトークのプログラムはたくさん作っていますが、ここでは具体的なブックトークの例として、感想文を寄せてくれた中学生の例と最近実践した小学二年生を対象にした例を紹介しましょう。

実践例①

何年か前の秋、地元の中学校から、二年生の国語の時間に「話す・聞く」「書く」「読む」を関連させた言語活動として、ブックトークをとの依頼がありました。私は、中学生でしかも二年生という年齢を考慮に入れて、次のようにプログラムを組み立てました。

テーマ：「生きること」

対象：中学二年生

場所：教室

・いとうえみこ文、伊藤泰寛写真『いっぽ にほ さんぽ！』（からだとこころのえほん）、ポプラ社、二〇〇六年

・日野原重明文、村上康成絵『いのちのおはなし』講談社、二〇〇七年

・森絵都『カラフル』理論社、一九九八年

・重松清『青い鳥』新潮社、二〇〇七年。ほかに重松清の短篇二編。

・飯島夏樹『天国で君に逢えたら』新潮社、二〇〇四年

・ルース・バンダー・ジー文、ロベルト・インノチェンティ絵『エリカ 奇跡のいのち』柳田邦男訳、講談社、二〇〇四年

社会的視野が広がる中学生が対象ということもあり、写真絵本や年齢が近い状況の物語、歴史が背景にある本も選書に加えてみました。

誰もがもっている「生きる力」を写真・絵本で見せてから、みんなの命はいま生きている時間ということを百歳近い（当時）日野原重明さんの本で紹介し、さまざまな生き方をストーリーにした本を三冊、そして最後に第二次世界大戦中に奇跡としか言いようがない形で命が守られ、生き延びた女性の本を取り上げました。

このブックトークに対して、生徒たちは「「生きる」ということはあまり考えたことはないが、改めて考えてみたい」「いろいろな考え方の本があるんだなあ、重松清の本を読んでみたい」「題名だけ聞いたことがある本があった。早く読みたい」「いまのぼくたちに当てはまる本ばかりで、本は深い内容をもっている。命を輝かせる本を紹介してもらい、並んでいる本も輝いて見える、読んでみたい」などの感想を寄せてくれました。

筆者のこのブックトークは、中学二年生という心身ともに成長期の生徒たちが、人間が本来そなえている「生きていく力」に気づき、自分もその力をもっていること、そして、さまざまな生き方を扱った本を読むことで、心を感動させる読書の楽しさを味わい、さらに、これからの長い人生に「本」は力を与えてくれる存在であることを感じてほしい、というねらいもありました。

また、『カラフル』はクラスのなかに読んだと答えた生徒が三人ほどいて、「面白かった」との感想がありました。そこで「友達にも勧めてください」とお願いをしておきました。身近な友達からのブックトークは、さらに心に響く効果があるかもしれません。

後日談として、やはり国語の時間に、今度は生徒たちがグループでブックトークをしました。アドバイスをということで見学しましたが、ブックトークを通して「話す・聞く」「読む」が学習としても成り立つことをうれ

しく感じたものです。

実践例②

会員KさんとNさんの二人で実践しました。

テーマ：「きこえる　きこえる　なんのおと？」

対象：小学校二年生

場所：図書館

・大久保茂徳監修、川又利彦ほか写真撮影『とりをよぼう！』（しぜんにタッチ！）、ひさかたチャイルド、二〇一一年

・アーノルド・ローベル『ふくろうくん』三木卓訳（ミセスこどもの本）、文化出版局、一九七六年

・あまんきみこ文、いわさきちひろ絵『おにたのぼうし』（おはなし名作絵本）、ポプラ社、一九六九年

・ロバート・マックロスキー文・絵『サリーのこけももつみ』石井桃子訳（岩波の子どもの本）、岩波書店、一九七六年

・アンドレ・ユーレン『メアリー・スミス』千葉茂樹訳、光村教育図書、二〇〇四年

このブックトークは、雪が降った次の日の二時間目でした。低学年なので、より具体的にブックトークの入り口を作ります。まず小鳥の声が出る笛で子どもたちに関心をもたせ、「冬の餌がない季節に小鳥を庭に呼ぶには？」と科学絵本から始めました。そのなかでもふくろうに注目し、鳴き声から『ふくろうくん』につなぎ、さらに、節分が近いことから節分にまく大豆を見せ、まく音を聞かせてから『おにたのぼうし』を紹介しました。『サリーのこけももつみ』でも実際に生のコケモモを持参し、缶のなかに入れたときの音を聞かせてから絵本の一部を見せて、ドキドキするストーリーと絵に関心を集めました。この絵本は一色で描かれ、発行年もずいぶん

前ですが、考えられたトークの言葉を使うことで、子どもたちがどんどんその絵本に興味を引かれていく様子がよくわかります。最後は、実際に存在した「豆を吹いて飛ばして窓に当たった音で住民を起こす」仕事を題材とした『メアリー・スミス』を紹介し、その絵本の読み聞かせをしてブックトークを終えました。

ブックトークで心がけていること

子どもたちへのブックトークのねらいは、本の面白さを伝えると同時に、本に興味をもたせることですが、さらに、「あの本が読みたい」という気持ちを起こさせることが大事です。ブックトークについての確かな定義や方法などはないと言われていますが、私たちの勉強会では、ねらいにより近づけるために効果的とされる、次の三つの項目を中心にブックトークを組み立てていきます。

①あるテーマを決める（テーマへの思いも明確に）。
②①のテーマに沿って数冊の本を探し、選ぶ（さまざまなジャンルから）。
③②で選んだ数冊の本を、つながりをもたせながら紹介をしていく（シナリオを作って）。

しかし、実践例①②でわかるように、①から③の作業を進めていくなかで、ブックトークを実践するまでにはさまざまなことを心がけなければなりません。順序に沿って考えてみましょう。

①テーマを決める

まず、なぜ①のテーマが必要なのでしょうか？　子どもたちにとって、たくさんの違う内容の本を一度に紹介されても、思考の流れがばらばらのままで頭のなかに残ってしまいます。ところが、テーマが一貫しているさまざまなジャンルの本を紹介してもらうと、意識の底を広げながら、つないで聞いていくことが容易になります。このため、実践②のブックトークでは、季節を感じさせながらも「音」というテーマからはずれないようにプログラムを立てているのです。

さらに、子どもたちにより近く、聞いて楽しいブックトークにするためには、テーマを決める際に、対象の子どもたちの興味や関心を知るところから始めなければなりません。また話し手が感動した本のトークをしたくて、その本を中心にテーマを決めて選書をするブックトークもありますが、子どもたちの学校生活、家族、友達、自然など、最も身近な部分からテーマは選ぶことをお勧めします。

テーマが決まると選書に移ります。ブックトークに使える時間が何分あるのか、また、そのなかで何冊紹介するのかを確認する必要がありますが、もっと大事なことは、聞き手である子どもたちの年齢や読書環境をまず考えることです。

②本を探し、選ぶ

まず、テーマに合った本を少し多めに探します。多角的な本の探し方は、想像を「ウェビング」させることで明確な方向が見えてきます。そのなかで中心になる本を選んだら、次にその本の前後に紹介する本をさらに選んでいきます。そして、選んだ本が興味や関心が違う子どもたちに対応できているか、本の紹介の流れはどうしたらいいのか、それには本をどの順序で並べたら効果的なのかを考えながら、紹介する本の順序を決めていきます。

③紹介の方法を考えて実践へ

本の並べ方が決まったら、次にそれぞれの本について魅力的な紹介をするためにはどんな方法や手段があるのか、どんな言葉を使ってつないだら次の本に興味をもってくれるのか、それぞれの本への時間配分はどうするのかなどを考えたうえで、ブックトークのためのシナリオ（台本）を作っていきます。このシナリオは、テーマからはずれないようにつなぎの言葉に配慮しながら、確実なプログラムにしていきます。さらに、本の内容と順序をしっかり把握し、確認しておけば、安心して話すことができます。また、実践する場合は、子どもたちとコミュニケーションをとりながら進めると、話し手も聞き手もより楽しいブックトークの時間をもてます。ただ、あくまで「本が主役」を念頭に置いておくことが大切です。

ブックトークのために心がけるべきことはまだたくさんありますが、その目的は、「ブックトークを通して子どもたちが多くの本に出会い、自分で本を選んで、読書をする子どもになる」ことです。ブックトークは未経験という方も、試みとして読み聞かせをしたあとに一冊をつなげて紹介するミニブックトークをしてみましょう。一冊の本は次の一冊を導くものとしてとらえると、子どもたちの知っている本がもう一冊増えることになります。このように、いつもの活動からもブックトークを実践することができるのです。子どもと本を結び、読書を促すことは大切な読書活動です。その活動の一つとしてブックトークを加えてみたらいかがでしょうか。

（こばやし・いせこ：長野県ＰＴＡ親子読書推進の会会長、ＪＰＩＣ読書アドバイザー）

3　民話と図書館——地域の人柱伝説を窓口に　稲垣勇一

地域文化としての民話、そして図書館

民話は象徴の文芸で、具体的に語られる内容は表層の事柄がほとんどです。登場人物の心情や背景となる情景の細部について描写することは、まずありません。民話の受け手には、語り手が語る表層の言葉のイメージを追いながら、その奥に広がる物語の真実を豊かに受け止める力が求められます。

そのことを、長野県上田市に伝わる人柱伝説「舌食池」を例に考えてみましょう。上田市の南西に、塩田平と呼ばれる地域が広がっています。この地方は穀倉地帯です。江戸時代、上田藩は五万八千石と言われていましたが、塩田平は通称「塩田三万石」と呼ばれ、上田藩経済の最重要地域の一つでした。この地域は全国的にも少雨で有名であり、地形的に周囲の山が浅く保水能力が低いために、昔からため池を多数作って灌漑用水を確保して

きました。そのなかの一つが「舌食池」と呼ばれる、たいへん古い池です。江戸時代の最初期（一六二二年）に池の土手を修理したと思われる記述がこの池の最も古い記録で、それ以前の記録はありません。ただ、この池の灌水地域に条里的遺構があり、広さや形はともかく、かなり古い時代からこの池の原形があったのではないかと言われています。

舌食池と言われるこの池には、次のような話が伝えられています。

池の土手を築いているとき、何回手を入れても崩れてしまうところが一ヵ所あり、土手が完成しません。困り果てた人々のなかから誰言うとなく「人柱を立てたら……」という声があがりました。くじ引きの結果、村はずれに一人で住む美しい娘が当たりました。悩み苦しんだ娘は、いよいよ明日は人柱に立てられるというその夜、自ら舌を噛み切り、池に身を投げて自死します。そのあと池は立派にできあがり、村人はこの池を舌食池と呼んで、人柱になった娘にわびながら水を使わせてもらっています。

この伝説には、民話が象徴の文芸であることとも関わって、考えを深めたい複数の課題がありますが、ここでは課題を一つにしぼって民話の特性を考えてみたいと思います。

この人柱伝説で聞き流してしまってはならないことの一つは、娘が村はずれにひとり住まいをしていたことです。上田地方は学校教育だけでなく、社会教育のなかでも長年、同和教育に取り組んできました。いまでも各公民館に人権問題担当職員がいて、昼夜活動を続けています。そうした教育を受けてきている聞き手は、集落のはずれに身寄りもなく孤立して暮らしていると聞けば、たいてい「あっ」と気づくことがあります。この文章の趣旨と異なるので詳細は省きますが、「村はずれ」「ひとり住まい」という二つの事柄の奥に、語られない深く暗い穴を受け手は見るのです。これは、その娘の身にずっと続いていた長い偏見と差別の暮らしと、そこから生まれる村人の日常的で具体的行為を想像することから見えてくるものです。その想像がなければ、この物語が伝えようとする真実は決して見えてきませんし、物語の主題である娘の自死の意味も曖昧なままで終わります。人柱は「生きたまま」土中に埋めてはじめて、神への生け贄としての価値が成立します。そんなことは十分承知の娘が、前夜、自ら命を絶ちました。しかも舌を嚙み切り、入水するという、二重の手段をとった完璧な死を願っての自死です。その死体を埋めたとしても、それはもはや人柱を立てたことにはなりません。明らかに、自死することで娘は人柱になることを拒否しています。なぜなのか。それは、前述した二つの事柄の、語られない奥の闇を想像できなければ見えてきません。「舌食池」伝説は人柱になることを拒否した人柱伝説で、全国で数多く語られる人柱伝説のなかでもきわめて特異な話と言えます。

このこととの関係で、どうしてもふれておきたいことがもう一つあります。それは、土手が完成したあと、村人が「娘にわびながら」水を使っていると伝え残していることです。人柱を立てるという供犠に一種の理不尽さを感じ、人柱に決められた娘の心情や自分たちの過去の仕打ちなどに心を痛め、犠牲者にわびながら水を使う村人の後日譚を残す。これもまた、人柱伝説の終わり方としてそう多いものではありません。目の前の形や行為にどこか納得がいかないまま、しかしさしあたり受け入れざるをえないことなど、いまでも私たちの日常にごまんとあります。この人柱伝説の結末表現の陰に隠れているものを、受け手が生きているいまと照らしながら見ていくことも、象徴の文芸としての民話の大切な受容方法です。

現在の上田では、それほど多くの人が、この話を知っているわけではありません。地方の片隅にそっと語り残されたそんな小さな民話にさえ、おそらく私たちの想像をはるかに超えた先人の深い思い、民衆の魂とも呼ぶべきものが塗り込められていますし、民話とはそういうものであることを、民話に関わる場合、すべての基盤にしっかりと据えておかなければならないと考えます。

いま一つ、民話について簡単にふれておきたいことがあります。

民話は「カタリ」「キク」という活動が方法の原型であり、それが民話の思想や技術を基本的に制約し、逆に特徴づけてもきました。いま、民話はその伝達の中心を活字や映像に移行しています。「カタリ」「キク」長い長い時間のなかで練り上げられてきた、民話本来の文化財ともいうべき姿が、伝承の現場でていねいに検討されないまま、その輪郭を曖昧なものにし始めているのです。

さらに語りの現場では、ストーリーテリングと伝統的な民話語りとの間に、相互異化の問題があります。語りの技術や物語の捉え方、言葉、例えば方言へのアプローチなどについて、互いの特性を主張するだけでなく、ときに相手を否定することで自らの存在意義を強調するような状況もないとは言えません。細部を言挙げして針小棒大に話題化すれば、異化はいくらでも生まれるでしょう。しかし、要は物語の内容を、本質をそらさずいかに豊かに語り伝えるかということです。この立場に立てば、両者に基本的な差異など存在するはずはありません。もし気になる部分があればそれはそれとして、共通の部分で連帯し学び合っていけばいいだけのことです。

さて、図書館と民話について考える場合、まず何よりも重要なことは、図書館員が民話に対する専門的知識・感性をもつことです。少なくとも専門的感性はどうしても必要です。額に汗して働くことでそれぞれの時代を支え、時代の土台や精神の根っこを形成してきた無名の人々が創り上げた広大な魂の物語が民話です。専門的感性とは、そのことに対する感動と敬意であり、それを現世代と次世代に伝えたいという深い思いです。

民話に関わる図書館員の基本的仕事は、

①地域の民話やその現状を大局的に把握し、必要な文献・資料・情報を収集・提供する、
②地域の民話の価値を見直したり発掘したりして、より高い文化的価値を付加して人々に提供する、
③青少年（次世代）に、より優れた地域の民話を伝承するための発信をしていく、
④民話の語り手の養成や語りの場の提供、斡旋をする、
⑤地域の民話について利用者の学習活動を組織し、提供する、
⑥市民のなかの力量ある人々を発掘し、信頼してそれらの人々と一緒に活動を推し進める、

以上の六点です。そのほか、文字どおり図書館員の知的専門性が生む創造力も確かな実践を実現させ、民話の未来を作っていくこともあるでしょう。

ここでは「地域の民話」に焦点をしぼって考えてきましたが、実はそれだけではたいへん危険な落とし穴にはまる可能性があります。地域の人々はよく「上田の民話」「塩田平の民話」「この土地の民話」を求めます。しか

し、ときにそれはお国自慢的で狭量な郷土意識に目隠しされて、郷土の民話も含めて、肝心の民話そのものの力を見失うことがあります。もともと民話の本質に優劣などあるわけがありません。地域の民話の力は、ほかの地域、ほかの国の民話の一つひとつに心をときめかせ、比較し、そのそれぞれの特色や違いを理解するなかで、よりはっきりと見えてくるのです。「地域おこし」が強調される昨今、特に心しなければならないことだと思います。

市民協働と図書館の民話活動

上田市には新設十年目を迎える図書館・上田情報ライブラリー（以下、ライブラリーと略記）があり、それと協働する設立十年の市民団体・NPO法人上田図書館倶楽部（以下、倶楽部と略記）があります（その詳細は第1章の西入幸代「NPO・市民協働の図書館づくりを目指して――上田情報ライブラリー」を参照）。ここでは民話に関わる活動のあらましを報告します。

①民話・語りの会の開催

上田市には設立十五年になる塩田平民話研究所があります。民間有志による活動団体で、民話学習、発掘・探訪、語りの三つを主たる柱として活動・展開をしています。語りについては、研究所の主催による定期語りの会のほか、保育園や小・中学校、地区集会、高齢者施設、公民館行事など、多くの場所で活動を続けています。定期化されている場所も多く、組織化されたところでは、一度実施するとそれを機に継続化されていくのが一般的な形になっていて、活動の場が広がっています。しろうとに徹すること、だから勉強をし続けることが基本的なスタンスの集団です。

ライブラリーと倶楽部の共催でも、民話・語りの会が不定期ながら開催されています。二〇一三年三月にもおこなわれ、内容は以下のものでした。

・開催日時：第三土曜日・夜六時半から
・場所：ライブラリー・ことばのまゆホール
・所要時間：休憩十分をはさんで正味一時間から一時間十分
・内容：上田の民話「小泉小太郎」を軸に六話から七話。一般向き
・参加費：一人五百円

ここで語られるのは、地域の民話だけでなく、広く日本の民話のなかから語り手一人ひとりが選んで決めた話です。語り手は二十歳代から八十歳代までの男女で、語り口調もさまざまです。聞き手には常連も出てきています。

②絵本の読みのなかの民話

ライブラリーと倶楽部共催で、過去に二つの養成講座が開かれました。一つは絵本読み聞かせ人材養成講座で、月一回×十回で修了です。三期三年開催し、一期三十人限定で、合計七十人を超える受講修了者が出ています。各期ごとの受講修了者の有志がそれぞれ自主サークルを作り、絵本の読みの活動を続けています。相互に連絡をとりながら、共同で講師を招いての学習なども開いて活動の充実を図っています。もう一つはブックトーク・ゼミナールで、月一回×十二回で修了です。二期二年開催で、一期十五人限定でした。両者とも、選ばれる作品のなかに当然のように民話があり、それらの読み聞かせや紹介、活動の前には学習会が開かれ、可能なかぎり内容を理解し、より確かな読みができるように検討・練習がされ、力をつけています。

最後に、今後について簡単にふれます。

①前述の両講座修了者による自主サークルの活動がさらに充実・発展するように、ライブラリーと倶楽部で力を合わせて支援していく。

②民話とその延長にある日本神話の講座を新しく開く（市内公民館やほかの市の図書館ではすでに何カ所かでおこなわれています）。

③子どもによる語りのサークルを作る。

②と③は近々実現したい、さしあたりの目標です。

（いながき・ゆういち：塩田平民話研究所長・上田図書館倶楽部理事長）

4　長野県読書運動の過去と未来——小笠原読書会に学ぶ　手塚英男

下伊那の青年たちの文庫設立趣意書

○〔いまでは大学から専門教育まで、求める学問を学べるようになっているが〕土地には都鄙《とひ》の別あり家には貧富の同じからざる有りて如何に修学の道に焦慮すと雖《いえど》も四辺の情実之れを許さゞる人あるを如何せん

○一個の田夫野人と雖も若し相当の学識を具備するに在らずんば何んぞ夫《そ》れ完全に自己の任務を遂行し生存競争の激甚なる現世を水平線上に跳躍することを得べぎぞ

○個人の学術修習に依りて得る所は独り其《その》一身に利するのみならず更に大いに国家に裨補《ひほ》す所蓋《けだ》し大なり

○此《この》意味に於てここに文庫創設を計り業閑自修《ぎょうかんじしゅう》の方法を講じて以て知徳の研磨発達に資せんとするに在り

文語調の名文ですが、おおよその意味はおわかりでしょう。一九一五年に長野県下伊那郡上郷村（現飯田市）飯沼の青年会の青年たちは、このような「設立趣意書」を掲げて文庫を設立しました。

この時代、信州の村々の青年たちは青年団自主化運動や電灯料値下げ運動に取り組み、また厳しい農業の現実に直面し、みんなで読書して学び合うことの必要性を痛感していました。

そして会員が寄付金を出し合って誕生したのが、青年会の小さな図書館です。田夫野人（農民たち）が業閑（農作業の合間）に自脩（自学自習）する場として、自主的に設立し選書し運営し利用したのが、この図書館です。

青年会図書館は、伊那谷や信州各地の村々に広がりました。『長野県社会教育史』（社会教育法施行三十周年記念誌編集委員会編、長野県教育委員会、一九八二年）所収の「官公私立全国図書館一覧表」（「日本帝国文部省年報」一九三六年）によれば、同年の長野県の図書館数は三百四十三館（官公立九十一、私立二百五十二）となっていて、私立（青年会図書館）がいかに多いかがわかります。「一覧表」の（注）には、「（1）長野県の官公立図書館数は全国十一位　（2）私立図書館数は全国一位で全国私立図書館数の一八・一％を占める　（3）長野県の図書館合計数は全国一位」と記されています。戦前、長野県は全国一の図書館県であり、それは青年会図書館によるものであることがわかります。

信州の青年たちの図書館づくり物語を詳しく著述したのが、是枝英子『知恵の樹を育てる――信州上郷図書館物語』（大月書店、一九八三年）です。是枝は同書で、まだイギリスの植民地だったアメリカのフィラデルフィアで、印刷工でのちにアメリカ独立宣言を起草したベンジャミン・フランクリンらが設立した民衆図書館になぞらえて、上郷の青年たちを「日本のフランクリンたち」と称賛しています。

戦時下の読書会活動

彼ら青年たちが取り組んだ図書館活動の一つに、読書会活動があります。同書で是枝は、一九四一年から敗戦までの読書会活動を「戦時下の読書会」として紹介しています。

夜の上郷図書館の二階に、農作業や軍事訓練を終えた男女の青年たちが国防服やモンペ姿で集まってきます。白樺派教育の影響を受けた国民学校教師の小野惣平が読書会の指導者です。取り上げた本は、小野がガリ版刷りした三木清の「読書論」（雑誌「改造」［改造社］）、森鷗外の『高瀬舟』『山椒大夫』、のちに『徒然草』や島崎藤村の『夜明け前』『藤村詩集』などです。戦意高揚の時局とはおよそ関係ない文学作品です。

警戒警報が発令された灯火管制下の薄暗く火の気もない三十畳ほどの部屋で、恋愛論やときには「農家を大切にしなければこの戦争はつづけられない」などという「相当危ない政府批判」も語られました。

青年団の仲間が次々に出征し、女子団員が愛知県豊川の海軍工廠に挺身隊として勤労動員されていく戦時下です。文部省が「大東亜共栄圏建設ニ即応スベキ国民読書指導」を打ち出し、この線に沿って日本図書館協会や長野県立図書館が戦力増強を目指す読書会実行の運動を進めている時期です。上郷青年団の読書会は、その運動の模範読書会として県の指定を受けることによって、したたかにもこんな読書会をおこなっていたのです。

戦時下のこの時期、県内のいくつかの青年団でも、同じ読書会が存在したようです。松本のある青年団でも、青年団長出征の武運長久を神社に祈願したあと、藤村の『若菜集』の読書会をしたと語る高齢者がいました。

是枝は、戦時下の読書会は「ファシズム下の闇夜の時代に、一すじの光をはなち、青年たちの心をてらし、生きる支えになった」と述べています。

青年会図書館から公民館図書室へ

戦後すぐの一九四七年七月、文部省から「公民館の設置運営について」という次官通牒が出され、同年九月以降、信州各地の市町村に公民館の設置が始まりました。

信州の図書館の源流になった青年会図書館の多くは、戦後市町村の公共図書館としてではなく、町村の公民館図書室として引き継がれました。前掲の『長野県社会教育史』は、「青年団の図書館が、（昭和）二十三年度前後、公民館の設置に伴い公民館図書部に移管するものが多かった。その結果、図書館法が施行された二十五年には、図書館の名称をもつものの数は七七館（市立五・町立一一・村立五三・組合立四・私立四）で、全盛期の三分の一ほどに減少した」と記しています。

信州の公民館は、「はじめに住民の学習ありき」と言われるように、戦後新たに活動を始めた地域の青年団や婦人会に支えられていました。

公民館の専門部として、青年たちが中心になって図書部（図書委員会）を設け、図書室の運営や活動にあたりました。

戦争で学ぶ機会を奪われていた青年たちは、読書や学習の機会に飢えていました。そして戦前からの青年団読書会の伝統を受け継いで、公民館図書室は盛んに巡回文庫や読書会活動に取り組みました。

初めて選挙権を獲得し、新しい婦人会などに結集した女性たちの上にも、読書会は広がっていきました。

この模様は、長野県公民館運営協議会が編集・発行した『長野県公民館活動史Ⅰ』（一九八七年）、『長野県公民館活動史Ⅱ』（二〇〇八年）、またいくつかの市町村が刊行した『公民館史』などに記述されています。例えば『松本市公民館活動史――住民とともに歩んで五十年』（松本市公民館活動史編集委員会編、松本市中央公民館、二〇〇〇年）には、「公民館図書室」の節が設けられ、公民館発足時の図書館活動が詳述されています。

これらの公民館資料によれば、読書会は文学作品などを読み合う「教養主義」の内容にとどまらず、村の封建制打破や新しい農村づくり、農村女性の地位向上と生活改善など地域課題の解決と結び付いた共同学習として取り組まれました。

大正時代の初め（一九二〇年ごろ）に上郷村の青年たちが設立した図書館の精神（村の現実や農業の問題を解決するための読書）が、戦後の自由と民主主義の時代に青年や女性たちの上に新たによみがえったと言えます。

二つの読書会活動――県立・ＰＴＡ母親文庫と松本・小笠原読書会

一九五〇年に新しい図書館法が施行され、新生した信州の図書館には、二つの大きな読書会活動が生まれました。

一つは県立長野図書館長の叶沢清介が始めたＰＴＡ母親文庫、もう一つは市立松本図書館長の小笠原忠統《ただむね》が始めた読書会活動です。

前者は、山間僻地が多い信州の各地に読書人口を普及することを目的にして、県立図書館が各地に配本所（地元図書館）を設け、PTAなどの組織を通じて四人一組のグループを作り、月に一回、本の回覧をおこなう活動です。一九六一年には、配本所十七ヵ所、参加する母親の数は十三万人にのぼりました。前掲『長野県社会教育史』は、「PTA母親文庫は、資料提供に終わらず、教育文化運動と結び付いていった。すなわち読書グループや生活改善グループが生まれ、配本所運営委員会が結成され、講演会・講習会その他の文化行事の主催、共催をし、文集発行を手がける等母親文庫活動の周辺には多彩な活動が展開された」と評価しています。

後者は、一九五二年に市立松本図書館長として赴任した小笠原が進めた読書会活動で、小笠原読書会と呼ばれています。小笠原は、旧松本藩主を祖にもつ小笠原伯爵家の第三十二代当主（小笠原礼法宗家）で、新時代の市立図書館の館長として招聘されました。

青年団や婦人会に出かけて読書の必要性を説いたことがきっかけで、地域に読書会が生まれ、広がっていきました。小笠原館長の持論は、図書館に縁がなかった市民のなかに本を持ち込むことこそが図書館の役割であり、本に親しみ、本を読み合うことを通じて村の農業や暮らしを見つめ合うのが読書会だという信念をもっていました。読書会のメンバーは、青年団、婦人会、若妻会などの農村青年や女性、町場の主婦や商店のおかみさん、中小企業の勤労青年や国鉄（日本国有鉄道、現JR）の労働者、大工や左官などの職人と多彩な顔ぶれでした。

テキストには、最初は「信濃毎日新聞」の「生活雑記」に投稿された農家の主婦の体験談などを、館長がガリ版刷りでプリントしたものを用いて話し合っていました。文学作品や古典もテキストとして盛んに取り上げられました。壺井栄の『印』、樋口一葉の『にごりえ』や『たけくらべ』、山代巴の『荷車の歌』や夏目漱石の『こゝろ』、『好色五人女』や『徒然草』などの古典、深沢七郎の『楢山節考』、魯迅の『阿Q正伝』、森鷗外、谷崎潤一郎、島木健作、志賀直哉、井伏鱒二、宮本百合子、野上弥生子、葉山嘉樹、亀井勝一郎などの短篇と実に多彩です。

広がる小笠原読書会

読書会は松本から近隣の市町村、そして県内全域に広がりました。一九五四年には三十八の読書会が一堂に会して初の読書会大会が開かれ、これを機に長野県読書会連絡会が結成され、各グループが抱えている指導者やテキストの問題など、共通の課題を交流していくことになりました。

小笠原読書会については、『日本の読書運動』（「日本の社会教育」第七集）、日本社会教育学会編、国土社、一九六二年）所収の島田修一「長野県における読書運動」にレポートされています。島田修一（中央大学名誉教授）は、当時下伊那郡喬木村の公民館主事を務めていて、当人も小笠原読書会の体験者です。

レポートによれば、小笠原館長が「当初読書会に求めたものは、読書の習慣化と読書力の養成であり、それをグループの力で成功させようというのであった」のです。それを成功させるために、①読書への抵抗をやわらげる心づかい（短篇を取り上げる、経済的負担にならないよう謄写印刷のテキストを用いる、輪読が負担にならないよう全員で読む、レクリエーションを取り入れて楽しい雰囲気づくりをする）、②集団の力で読書の環境を作る試み（読書を特別な人がすることにしないため青年団や婦人会全員の活動とする）などに館長は心をくだいた、と島田は述べます。

もう一つ小笠原読書会の特徴は、その地の公民館の協力を得て、公民館の学習活動と結び付いて広がり深まっていった点にあります。村々の公民館には、戦前の青年会図書館の伝統を引き継いだ公民館図書室があり、学ぶ意欲にあふれた青年団員や婦人会員がいました。村の青年団長が公民館主事を務めている公民館もたくさんありました。

読書会に臨む館長は、「指導者」ではなく「聞き役」「発言の整理役」でした。学ぶ主体は住民であること、読書会は参加者の自己学習・相互学習の場であることをわきまえていました。公民館の学習支援、図書館の読書会支援とはこういうものだということを、身をもって教えていました。

小笠原読書会の新たな道

彼らの村や農業の現実、住民の暮らしをよくするための学習活動への願いは、小笠原読書会の中身や運営のやり方を大きく変えていくことになりました。

「なにを読むか」でなく、読むことによって「なにを変えていくか」が小笠原読書会の課題として論議されました。島田レポートによれば、「実践活動へのとりくみと系統学習へのとりくみという二つの方向が読書会の発展の道として示された」のでした。そして読書会は、新たな道を進むことになりました。

その第一は、文学から社会科学への学習の発展です。「松本読書会の歩み」第二号（一九六二年。二十六の読書会が参加している松本読書会連絡会文集）をみると、テキストには「憲法」「女性史」「経済学」「哲学」「時事問題（新聞切り抜き）」などが取り上げられるようになっています。文集に掲載されている各グループの報告でも、「文学と私たち」のテーマのほかに「政治とくらし」「物価とくらし」が語られています。この文集を資料にして同年十二月に開かれた松本読書会連絡会総会でも、同一のテーマで分科会が開かれています。

その象徴として一九五八年に生まれたのが「『日本の農村』研究会」です。地域の農業、農村の現実をどう変えるのかを強烈な共通意識にして、青年団活動などを経た村の跡取り青年が取り組んだ読書会です。テキストには『日本の農村』（潮見俊隆／渡辺洋三ほか、岩波書店、一九五七年）という法学、経済学、社会学などの気鋭の研究者が農村を分析したかなりの専門書が取り上げられました。篠の井（現長野市）、松本、大町、上郷村（現飯田市）の県内四カ所で開かれた読書会には、地元の公民館主事や司書、東京大学で社会教育を学ぶ大学院生や学生も参加し、徹夜で熱い議論を戦わせました。参加した青年たちは、のちに農村のリーダーや農民運動の活動家に育っていきました。

第二は、読書会以外の住民の学習や労働者の学習と協同して、「松本私の大学」という幅広い学習サークル協議会に発展していったことです。国の政治をゆるがした六〇年安保闘争が住民や労働者の学習活動を広く呼び起こし、ともに手を携えて学習運動を地域に巻き起こそうという気運が実ったのでした。小笠原館長のレポート「松本「私の大学」開講まで――各種の学習サークルの結集をめざして」(「月刊社会教育」一九六一年六月号、国土社)に、その目的や経過が報告されています。四十数サークルが参加して公民館や図書館など公教育機関も協力して生まれたこの一大運動は、一九七〇年代中頃まで活発に展開されました。

小笠原館長は、一九六四年に皮肉にも松本城管理事務所長に異動になり、図書館長の職務を取り上げられてしまいました。六五年の市長選に革新統一候補として立候補しましたが、敗れて松本を去り、人生の後半は小笠原流礼法宗家家元として活躍しました。

これからの読書会

図書館の読書会活動を日本の図書館界はどう見ていたのでしょうか。

小笠原読書会に盛んに取り組んでいた一九五〇年代から六〇年代は、日本の図書館界のリーダーの間には、まだ戦前の図書館の暗い記憶が色濃く残っていました。選書の自由はなく、戦争に批判的な本が書架から排除された図書館。戦争へ向けた国民精神総動員のために指導され、組織化された読書会。その時代を知っている世代の図書館人には、読書会なるものへのこだわりや「指導」「組織化」への抵抗感が強くあって当然です。しかしその闇夜の時代、信州の青年たちの間に、もう一つの読書会があったことを忘れることはできません。

貸出・レファレンス・児童奉仕を三本柱に掲げて、「図書館革命」を起こすもとになり、バイブルと言われた『中小レポート』(『中小都市における公共図書館の運営』日本図書館協会、一九六三年)や『市民の図書館』(日本図書館協会、一九七〇年)のなかでは、読書会はどう言及されているでしょうか。「[読書会は:引用者注]資料提供を十分におこなえば必ず出てくる仕事である。しかしこれはあくまでも資料提供によって導き出される仕事であって、図書館の仕事の核になるものではありません。またこれらの活動は市民自身がおこない図書館が援助するものであって、図書館が指導するものではない」(前掲『市民の図書館』)というように読書会は位置づけられています。小笠原読書会への批判のようにも読み取ることができます。

「図書館の仕事の核」は「あくまでも資料提供」とされて以来、本や資料をもとに住民が学び合う場、地域の問題や自分たちの暮らしを見つめ合う場である読書会は、停滞していきました。それとともに、戦前からの自主的な学びの伝統がある信州の図書館は、飯田市図書館が支援する飯伊婦人文庫の歴史ある活動を例外として、読書会にあまり取り組まなくなり、図書館職員は読書会の仕事に消極的になり、苦手になりました。

けれどもいま図書館は、「地域に、仕事に、暮らしに役立つ図書館」になることが求められる時代になりました。それは小笠原読書会の精神と一致します。

車座になって一冊の本を読むことにこだわる必要はありません。新しい時代の変化、資料、地域の課題、方法に合わせた新しい読書会のあり方が模索されていいでしょう。

その精神ややり方に学ぶため、小笠原読書会からのメッセージに改めて耳を傾けてみようではありませんか。

青木裕子（あおき・ゆうこ）
軽井沢町立図書館館長

山田利幸（やまだ・としゆき）
茅野市立永明小学校

上島陽子（かみじま・ようこ）
辰野町立辰野中学校司書

宮坂順子（みやさか・じゅんこ）
原中学校図書館・原村図書館司書

望月美江子（もちづき・みえこ）
小諸市立美南ガ丘小学校図書館事務

蓬田美智子（よもぎだ・みちこ）
蓼科高等学校学校司書

小林正代（こばやし・まさよ）
長野県図書館協会事務局「ふるさとおはなしたいむ」でのボランティア歴11年

小林いせ子（こばやし・いせこ）
長野県PTA親子読書推進の会会長、JPIC読書アドバイザー

稲垣勇一（いながき・ゆういち）
塩田平民話研究所長、上田図書館倶楽部理事長

［著者紹介］
花井裕一郎（はないゆういちろう）
小布施町立図書館まちとしょテラソ前館長、NPO法人オブセリズム設立準備室

西入幸代（にしいり・さちよ）
NPO法人上田図書館倶楽部

伊東直登（いとう・なおと）
塩尻市立図書館

寺沢洋行（てらさわ・ひろゆき）
前県立長野図書館館長

大串夏身（おおぐし・なつみ）
昭和女子大学教員

内野安彦（うちの・やすひこ）
常磐大学・松本大学松商短期大学部非常勤講師

茅野充代（ちの・みつよ）
諏訪市教育総務課

宮下裕司（みやした・ゆうじ）
飯田市立上郷図書館

平出裕一（ひらいで・ゆういち）
前富士見町図書館司書、富士見町教育委員会総務学校教育係

平賀研也（ひらが・けんや）
伊那市立伊那図書館館長

増澤雅彦（ますざわ・まさひこ）
長野市立長野図書館

有井洋子（ありい・ようこ）
信州大学医学部附属病院ボランティア

近藤明子（こんどう・あきこ）
下條村立図書館司書

手塚英男（てづか・ひでお）
元松本市あがたの森・南部・中央図書館長

［編著者略歴］
宮下明彦（みやした・あきひこ）
1946年、長野県生まれ
長野県図書館協会常務理事・事務局長、長野県図書館等協働機構理事長、上田女子短期大学・長野県短期大学非常勤講師
共著に『課題解決型サービスの創造と展開』（青弓社）、論文に「目次情報を活用した長野県市町村史誌等目次情報データベース事業」（「図書館雑誌」第1048号）、「図書館の新しい可能性を求めて」（「Lisn」第124号）、「事例発表 広がる本と人の輪」（「全国公共図書館研究集会報告書」1997年度）など

牛山圭吾（うしやま・けいご）
1938年、長野県生まれ
長野県図書館協会会長、全国SLA学校図書館活動推進委員、茅野市読書アドバイザー
共著に『読書の森づくり』（信濃毎日新聞社）、論文に「ファーストブックからセカンドブックへ」（「こどもの図書館」2009年9月号）、「校種を超えて図書館活動を」（「学校図書館」第670号）、「茅野市に読書の森を創る」（「Lisn」第112号）、「読書へ誘うパネルシアター」（「学校図書館」第537号）など

明日《あした》をひらく図書館《としょかん》　長野の実践と挑戦

発行――2013年6月28日　第1刷
定価――2000円＋税
編著者――宮下明彦／牛山圭吾
発行者――矢野恵二
発行所――株式会社青弓社
〒101-0061 東京都千代田区三崎町3-3-4
電話 03-3265-8548（代）
http://www.seikyusha.co.jp
印刷所――厚徳社
製本所――厚徳社
© 2013
ISBN978-4-7872-0051-8 C0000

大串夏身／宮下明彦／小林隆志／宮川陽子 ほか

課題解決型サービスの創造と展開

図書館の最前線3

高度情報通信ネットワーク社会で図書館はネットワーク資源を組み込んだ新しいサービスの創造へと向かっている。人的資源と技術が融合した課題解決型サービスの具体的な事例を取り上げて、実践のあり方を提言する。 2000円＋税

大串夏身

図書館の可能性

図書館の最前線1

新しい情報の時代が到来し、知識と情報の収集・蓄積・活用に関わる図書館が転換期を迎えた。図書館の社会的な価値を高めるためのトピックを取り上げて、その展望や可能性を明らかにし、新たな図書館像を提示する。 2000円＋税

大串夏身

これからの図書館・増補版

21世紀・知恵創造の基盤組織

日本の図書館は現在のサービス水準をさらに高め、知識・知恵の創造に積極的に貢献しなければならない。レファレンス・サービスのあり方や司書の専門性、地方自治という視点から、これからの図書館像を大胆に提起する。2000円＋税

大串夏身／鳴海雅人／高野洋平／高木万貴子

触発する図書館

空間が創造力を育てる

ネット時代にふさわしい図書館＝新しい知識と情報を創造し発信する空間を作ろう！ 図書館のあり方を構想する建築家のアイデアと新しい図書館運営技術を活用した空間・サービスとを提案した刺激的なメッセージ。 2000円＋税

白根一夫／澤田みな／奥野吉宏／野村弥奈

町立図書館をつくった！増補版

島根県斐川町での実践から

開かれた図書館づくりをめざして町民と職員とが協議を重ね、住民に情報を公開し、可能なかぎりの要望を取り入れて図書館のある暮らし／暮らしのなかの図書館をつくった島根県斐川町の実践記録の増補・改訂版。 2000円＋税